Avignon
1863

Goethe, Johann Wolfgang von

Faust

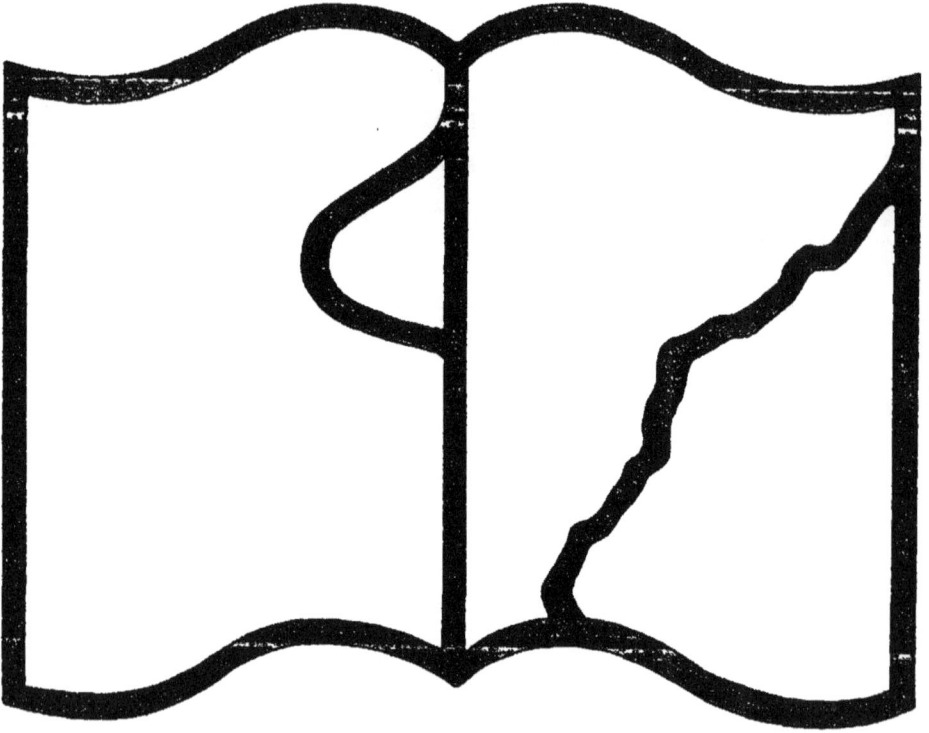

**Symbole applicable
pour tout, ou partie
des documents microfilmés**

Texte détérioré — reliure défectueuse

NF Z 43-120-11

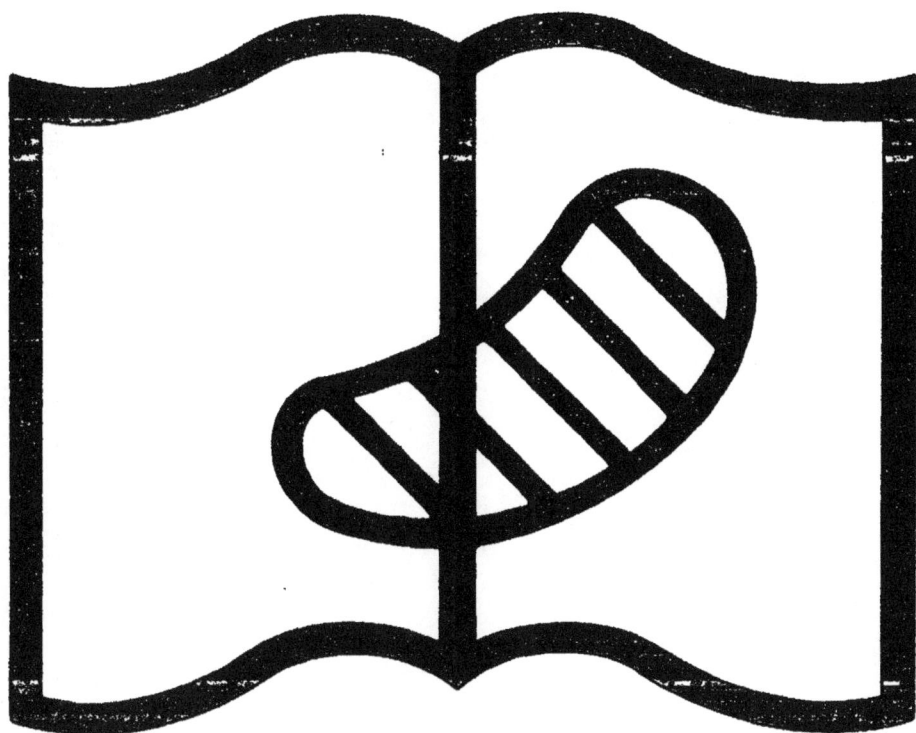

Symbole applicable
pour tout, ou partie
des documents microfilmés

Original illisible

NF Z 43-120-10

GOETHE

FAUST

précédé

d'une Notice sur l'Auteur

et suivi de l'Analyse et du Jugement de Mme de Staël sur cet ouvrage

AVIGNON

AMEDEE CHAILLOT, EDITEUR

Place du Change, 8

FAUST

3h5

yh.   2511.

AVIGNON. — IMP. AMÉDÉE CHAILLOT.

GŒTHE

FAUST

PRÉCÉDÉ

d'une Notice sur l'Auteur.

‒‒⟡‒‒

AVIGNON

AMÉDÉE CHAILLOT, ÉDITEUR

Place du Change, 5

1863

NOTICE SUR GŒTHE

Gœthe, (Jean Wolfgang,) poëte, auteur dramatique, roman-
cier, l'un des plus grands écrivains de l'Allemagne, naquit à
Francfort-sur-le-Mein, le 28 août 1749, étudia le droit à
Leipsich, et reçut le bonnet de docteur à Strasbourg. Il com-
mença à se faire connaître en 1774 par le roman de *Werther*,
qui lui avait été suggéré par une aventure de jeunesse. L'intérêt de ce roman consiste dans le développement d'une passion
malheureuse. Uniquement pénétré de son sujet, d'un sujet qui
ne présentait rien de neuf, rien d'original, rien de remarquable
que son dénouement, n'ayant à décrire que les scènes les plus
communes de la vie, Gœthe, sur ce thème, a composé un livre
plein d'un charme irrésistible. Cet ouvrage obtint un succès
prodigieux, et valut à l'auteur la protection et l'amitié du jeune
duc de Weimar, Charles-Auguste. Attaché à la personne de ce
prince, d'abord en qualité de conseiller de légation, et ensuite
comme membre du conseil privé, Gœthe fit avec lui un voyage
en Suisse (1779), et un second en Italie (1786).

A l'époque où la révolution française éclata, il avait déjà
publié, outre *Werther*, les tragédies de *Goetz de Berlichingen*, (1773), *Clavigo*. (1774), *Stella*, (1776), *Iphigénie en
Tauride* (1786), *Le Tasse*, *d'Egmont* (1788), et d'innom-
brables mélanges.

Iphigénie, qui passe pour son chef-d'œuvre, quant au plan,
à l'exécution, et surtout à la magie des vers, produisit en Al-

lemagne un enthousiasme semblable à celui qu'avait excité en France le *Cid* du grand Corneille. Dans *le Comte d'Egmont*, ce qui saisit, ce qui intéresse, ce qui captive au plus haut point, ce sont les émotions de la foule, c'est le tumulte d'un peuple qui s'apprête à conquérir sa liberté. *Le Tasse* est une alliance entre les sentiments de la beauté extérieure et tout ce qu'il y a de plus subtil et de plus raffiné dans l'esprit et l'imagination du poëte allemand. Dans *Goetz de Berlichingen*, Gœthe a. peint avec beaucoup de charmes la simplicité des mœurs chevaleresques du moyen âge.

Dans les années qui suivirent, au milieu des préoccupations de la guerre, il continua d'étonner l'Allemagne par la multitude et la supériorité de ses productions poétiques, littéraires, scientifiques, parmi lesquelles on distingue : la comédie intitulée *Le Grand Cophte*, le poëme d'*Hermann et Dorothée*, les *Années d'apprentissage de Wilhelm Meister*, roman, un *Essai sur la métamorphose des plantes*, une *Théorie des couleurs*, les *Affinités électives*, et surtout la première partie du drame de *Faust*, après lequel Gœthe n'eut plus de rival dans sa patrie.

Faust, que nous donnons dans ce volume, est une création bizarre et profonde, un drame étrange dans lequel interviennent des êtres de tout ordre, depuis le Maître de l'univers, jusqu'aux esprits des ténèbres, depuis l'homme jusqu'à l'animal le plus immonde. Gœthe n'a pas inventé le fond du drame de Faust ; le sujet est une croyance populaire des siècles passés. Suivant une tradition reçue en Allemagne, Faust fut un des inventeurs de l'imprimerie, et passa pour un magicien, qui, après avoir puisé à toutes les sources du savoir, abreuvé de sciences, et dégoûté du stérile mérite d'être le plus grand philosophe de Nuremberg, se laissa séduire par le diable, qui l'enivra de plaisirs jusqu'à satiété, et s'empara finalement de son âme que Faust lui vendit un beau soir pour reconquér:r sa jeunesse. Ce dénouement fatal de la légende n'est point dans le drame. Le lecteur reste incertain si l'âme de Faust sera perdue, ou si les prières de Marguerite, qui meurt, et que le repentir conduit au ciel, la sauveront de l'étreinte du démon auquel il l'a livrée.

Napoléon, pendant son séjour à Erfurt, voulut voir l'écrivain célèbre dont le nom remplissait l'Allemagne ; il le décora de la grand-croix de la Légion d'honneur (1807). Soit reconnaissance, soit tout autre motif, Gœthe prit peu de part à la grande lutte du patriotisme allemand contre la France, et pendant que tout s'armait autour de lui, il publia tranquillement ses mémoires sous le titre de *Vérité et Poésie*. Malgré cette conduite et les reproches auxquels elle donna lieu, il fut choisi pour ministre d'état par le duc de Weimar (1815) ; il conserva ces fonctions jusqu'en 1828. Sans être ralenti par l'âge, il fit encore paraître plusieurs ouvrages : *Le Divan oriental*, (1819), *Les années de voyage de Wilhelm Meister*, (1821), faisant suite aux *Années d'apprentissage*, et de nombreux mémoires sur les différentes branches des sciences physiques.

Wilhelm Meister est une énigme, un symbole poétique dont le sens profond se cache sous les dehors trompeurs de scènes bourgeoises et familières ; c'est le portrait de Gœthe lui-même, l'histoire de ses espérances, de ses craintes, de ses regrets, de ses illusions, le tableau de la nature entière qui s'est idéalisée à ses yeux. Dans cet ouvrage, Mignon, créature mystérieuse, concentre tout l'intérêt ; avec Marguerite de Faust, Mignon est le triomphe de Gœthe dans la peinture du caractère de la femme.

Gœthe mourut en 1832, à l'âge de 83 ans. Ses cendres reposent à Weimar, entre celles de Schiller et de son protecteur, le prince Charles-Auguste. Gœthe est un des génies les plus remarquables que l'Allemagne ait produits. Comme poëte, il égale, s'il ne surpasse, les plus grands poëtes de son pays. Prosateur, son style restera à jamais comme un modèle de pureté et d'élégance. Comme savant, il a attaché son nom à plusieurs découvertes ingénieuses ; c'est lui, par exemple, qui a le premier soupçonné le principe de l'unité de composition. Mais on chercherait en vain dans ses nombreux ouvrages l'enthousiasme et l'unité, fruit des profondes convictions ; génie vaste et élevé, mais cœur froid et égoïste, Gœthe n'a d'autre religion qu'un panthéisme indécis, et une indifférence générale, qui, voyant d'un œil égal la vérité et l'erreur accepte toutes les croyances. Il offre quelque ressemblance avec Voltaire, et il a contribué comme lui aux progrès du scepticisme religieux.

Les œuvres de Gœthe ont été traduites dans toutes les langues, et dans le cours de sa longue vie, il a pleinement joui de la gloire qu'il s'était acquise. Mais on éprouve le regret, en admirant son vaste génie, qui embrassait toutes les connaissances humaines de ne pouvoir louer en lui les vertus qui constituent la véritable supériorité de l'homme, celles qui sont le produit de la volonté ; car le génie est un don du ciel, don gratuit dont on doit compte, tandis que le patriotisme, l'amour des hommes, le respect de la divinité, sont des actes volontaires, qui coûtent à l'égoïsme naturel, et qui par là constituent un mérite que le génie ne saurait donner.

FAUST

PROLOGUE

Les Archanges Raphaël, Gabriel et Michel chantent la gloire de Dieu. Le démon Méphistophélès se présente devant Dieu, et, comme Satan quand il demande à tenter Job, il se fait fort de retrancher du nombre des élus le docteur Faust, insatiable dans son désir de connaître les secrets de la nature. Le Seigneur le lui livre, mais seulement pour le temps de sa vie mortelle. Méphistophélès descend sur la terre pour commencer son œuvre.

1

LA TRAGEDIE.

PREMIÈRE PARTIE.

Faust est assis la nuit devant son pupitre dans un cabinet voûté à arcs ogivaux élevés. Il est au milieu de ses livres, et d'un nombre infini d'instruments de physique et de fioles de chimie. Son père s'occupait aussi de sciences et lui en a transmis l'habitude. Une seule lampe éclaire cette retraite sombre, et Faust étudie sans relâche la nature, et surtout la magie dont il possède déjà quelques secrets.

FAUST.

Philosophie, droit, médecine, théologie, quelles longues études ne vous ai-je pas consacrées, et maintenant, pauvre insensé, me voilà tout aussi sage que devant. Je prends, il est vrai, le titre de maître, de docteur ; depuis dix ans mes élèves ne jurent que par moi. Mais hélas ! je vois bien que nous ne pouvons rien savoir, et c'est ce qui brûle mon sang. Je me sens plus instruit que tout ce qu'on peut rencontrer de sots, de maîtres, de docteurs et d'écrivains. Les doutes, les scrupules ont cessé de me tourmenter ; je ne crains plus ni diable, ni enfer, mais aussi toute joie a fui loin de moi pour jamais Tout ce que je sais me paraît sans valeur et inutile à enseigner aux hommes, qui n'en deviendraient pas meilleurs. Je ne possède ni biens, ni argent, ni honneurs, ni pouvoir dans ce monde. Un chien ne vivrait pas longtemps ainsi ! La magie est mon unique refuge. Oh ! puisse la force de l'esprit et de la parole me dévoiler les secrets qui me sont inconnus ! Puis-sé-je n'avoir plus à avouer qu'il y a des choses que j'ignore ! Que n'ai-je la connaissance de tout ce que le monde renferme d'énigmes dans sa substance, et, de tout ce que la nature contient de forces et de semences éternelles !

Astre au front d'argent, lune silencieuse, qu'un de tes rayons illumine mes travaux, après tant de nuits où tu m'as vu veiller devant ce pupitre ! Mélancolique amie, ta pâle lumière se reflétait sur les tas de livres et de papiers qui m'entouraient. Que ne puis-je aujourd'hui secouer cette poussière, et, à ta douce clarté, m'élancer sur les hautes montagnes, m'enfoncer dans les cavernes hantées par les esprits, danser à ta vue sur les prairies, oublier toutes les misères de la science, et retrouver une nouvelle jeunesse en me baignant dans ta rosée. Hélas ! enfermé dans ces cachots, où ces vitraux coloriés interceptent la lumière du ciel, enfoui dans ces amas de livres poudreux et vermoulus, et de papiers entassés jusqu'à la voûte, je ne vois autour de moi que des bocaux, des cornues, des boîtes, des instruments, des meubles pourris, que m'ont laissés mes ayeux.

Et c'est là ton monde, Faust, et cela s'appelle un *monde!* Et tu demandes pourquoi ton cœur se contracte dans ta poitrine, pourquoi l'impulsion qui donne la vie est entravée en toi par une douleur secrète! Tu le demandes!... Et au lieu de la nature vivante au milieu de laquelle Dieu plaça l'homme, tu vis dans une atmosphère de fumée et de moisissure, qu'exhalent les dépouilles d'animaux et les ossements de morts!

Sors de ce cachot, et, libre, élance-toi dans l'espace! Ce livre, écrit tout entier de la main de Nostradamus, suffit pour te conduire. Le cours des astres se dévoilera à tes regards, et la voix de la nature communiquera l'énergie à ton âme; comme un esprit se communique à un autre esprit. Cesse de vouloir expliquer les signes divins à l'aide d'un sens aride. — Esprit, qui voltigez dans l'air autour de moi, répondez-moi, si vous m'entendez !

(Les yeux fixés sur le signe du Microcosme, il frappe le livre.)

A la vue de ce signe, quelle extase s'empare de tout mon être! Une vie nouvelle, une vie divine, me semble circuler dans mes nerfs et mes veines. Est-ce un Dieu qui traça ces caractères dont la vertu apaise les douleurs de mon âme, enivre mon pauvre cœur de joie, et me dévoile les forces mystérieuses de la nature ? Ne suis-je pas moi-même comme un Dieu ? Que tout me paraît clair ! Dans ces simples traits, je lis toute l'énergie créatrice de la nature. Je reconnais déjà la vérité de cette parole du sage : « Le monde des esprits n'est point fermé, sors de tes sens assoupis, excite ton cœur qui se meurt, et viens, disciple, viens baigner ton sein mortel dans la lumière de l'aurore. »

(Il regarde le signe.)

Quel mouvement dans l'univers ! tout y est vie et action ! Les puissances des cieux montent et descendent, une rosée féconde tombe de leurs ailes agitées, et ils impriment les formes diverses avec leurs cachets d'or. Une harmonie divine révèle leur passage. O magnifique spectacle ! mais ce n'est qu'un spectacle. Où te caches-tu, source première de la vie, toi dont tout dépend au ciel et sur la terre, toi qui revivifies les germes épuisés, toi qui coules sans cesse et qui ranimes tout, et moi je t'implore en vain !

(Il frappe le livre avec impatience, et fixe ses yeux sur le signe de l'Esprit de la terre.)

Comme ce signe a sur moi une action différente ! Esprit de la terre, je sens ton approche : mes forces se développent, une ardeur nouvelle bouillonne en moi, je ne crains plus de me lancer au sein des luttes et des vicissitudes du

monde, et je cesserai de pâlir au bruit des cra-
quements du vaisseau qui m'y porte. Mais quels
nuages s'épaississent autour de moi! La lune
est voilée, ma lampe s'éteint! Elle fume!... Des
rayons brûlants couronnent ma tête... Un frisson
me saisit... La voûte semble s'abaisser sur moi
et m'étouffe! Tout s'agite autour de moi, esprit
que j'ai invoqué!... Mon sein se déchire et s'ouvre à des impressions inconnues! Viens, mon
cœur se livre à toi sans réserve! Parais, parais,
dussé-je perdre la vie!

(Il prend le livre et prononce les paroles magiques qui évoquent
l'esprit; l'esprit lui apparaît au milieu d'une flamme rouge.)

L'ESPRIT.

Quelle voix m'appelle en ce lieu ?

FAUST.

Épouvantable apparition !

L'ESPRIT.

Ton évocation puissante m'a appelé du sein
de ma sphère éternelle; que me veux-tu ?

FAUST.

Ah! je ne puis supporter ta présence !

L'ESPRIT.

Quoi! tu crains de me voir et de m'enten-

dre, quand j'obéis à tes ordres ! Que me veux-
tu, Faust ? Es-tu bien cet homme, au cœur de
flamme, à l'âme superbe, qui voulait s'égaler à
nous ? Pourquoi trembler devant ton frère ? Me
trompé-je ? Est-ce bien Faust qui m'a appelé ? Le
grand docteur Faust ne serait-il qu'un misérable
ver de terre ?

FAUST.

Ne me rabaisse pas, vision de feu, je suis
Faust, je suis ton égal.

L'ESPRIT.

C'est à nous de nous plonger dans le tumulte
de l'activité, dans ces vagues éternelles de la vie,
que la naissance et la mort élèvent et précipi-
tent, repoussent et ramènent : nous sommes faits
pour travailler à l'œuvre que Dieu nous com-
mande, et dont le temps accomplit la trame.
Mais toi, qui ne peux concevoir que toi-même,
toi, qui trembles en approfondissant ta destinée
et que mon souffle fait tressaillir, laisse-moi,
ne me rappelle plus.

FAUST.

Esprit créateur, qui ondoies autour du vaste
univers, que puis-je égaler devant toi ?

L'ESPRIT.

Tu ne peux égaler que l'esprit que ta faible intelligence conçoit, mais tu ne peux t'égaler à moi.....

(Il disparaît.)

FAUST, *tombant à la renverse.*

Pas à toi? moi, l'image de Dieu! pas à toi seulement !....

(On frappe.)

Malédiction ! c'est mon serviteur, sans doute ! Mon bonheur s'est évanoui ! Un misérable valet a suffi pour anéantir cette vision sublime.

WAGNER *paraît à la porte, en robe de chambre et en bonnet de nuit, une lampe à la main. FAUST détourne la tête d'un air fâché.*

WAGNER.

Pardon ! je vous entendais déclamer, comme si vous récitiez une tragédie grecque. J'aimerais à profiter de vos leçons dans cet art dont on fait tant de cas aujourd'hui. — Mais, comment voulez-vous obtenir quelque influence sur le monde, lorsque vous le voyez à peine, les jours de fête, de loin et avec une lunette ?

FAUST.

L'influence vient d'une forte manière de sentir : l'inspiration part d'un cœur vivement ému, et entraîne après elle les cœurs qu'elle a agités par une émotion profonde. Sans ce feu intérieur, on ne fait pas plus naître de chaleur chez les autres, que celui qui souffle des charbons à demi éteints sous un tas de cendres. A peine si l'on amuse les enfants et les singes. Jamais on n'aura d'action sur les hommes, si l'éloquence ne part pas du cœur même.

WAGNER.

Ah ! Dieu ! l'art est long et la vie courte ; que de difficultés dans les travaux littéraires ! J'ai peur de mourir avant d'avoir fait la moitié du chemin pour remonter aux sources de l'inspiration.

FAUST.

Ce n'est pas dans un parchemin qu'est la source divine où notre âme peut apaiser sa soif éternelle. La vraie consolation part du cœur seul.

WAGNER.

C'est pourtant une grande jouissance que d'apprendre ce que les sages d'autrefois ont pensé, et de voir de combien nous les avons dépassés.

FAUST.

Oui, jusqu'aux étoiles, n'est-ce pas ? Mon ami, laissez-là ces vieilleries.

1.

WAGNER.

Mais le monde ! le cœur et l'esprit des hommes !.... On peut bien désirer d'en connaître quelque chose !

FAUST.

Oui, ce qu'on appelle connaître. Mais qui peut se flatter d'avoir la connaissance véritable ? — Mon ami, laissez-moi. Retirez-vous, il se fait tard, nous en resterons là pour cette fois.

WAGNER.

J'aurais volontiers veillé plus tard encore pour profiter de l'entretien d'un savant comme vous ; mais demain, comme au jour de Pâques dernier, vous me permettrez de vous adresser une demande. J'ai étudié avec ardeur, j'ai beaucoup appris, mais je voudrais tout savoir.

(Il sort.)

FAUST *seul*.

Pauvre tête qui se berce d'une vaine espérance ! Il s'attache à des bagatelles, il fouille la terre pour y chercher un trésor, il ne rencontre qu'un vermisseau, et il est content ! Comment la voix d'un tel homme a-t-elle osé retentir en ce lieu où avait pénétré le souffle de l'esprit ? Merci pourtant, misérable enfant de la terre, tu m'as sauvé du désespoir où ma raison allait

se perdre, à la vue d'une apparition si gigantes-
que qui me réduisait à l'état d'un impercepti-
ble nain.

Moi, l'image de la divinité, je me croyais si
près de goûter l'éternelle vérité dans tout l'éclat
de sa lumière céleste! je n'étois déjà plus le
fils de la terre; je me sentais l'égal des ché-
rubins, qui, créateurs à leur tour, peuvent
goûter les jouissances de Dieu même. Ah! combien je dois expier mes pressentiments présomp-
tueux! Une parole foudroyante les a détruits
pour jamais. Esprit divin, j'ai eu la force de
t'attirer, mais je n'ai pas eu celle de te retenir.
Pendant l'instant heureux où je t'ai vu, je me
sentais à la fois si grand et si petit! mais tu m'as
repoussé violemment dans le sort incertain de
l'humanité.

Qui m'instruira maintenant? Que dois-je éviter? Dois-je céder à l'impulsion qui me presse?
Nos actions, comme nos souffrances, arrêtent la
marche de la pensée. Des penchants grossiers
s'opposent à ce que l'esprit conçoit de plus
magnifique. Quand nous atteignons un certain
bonheur ici-bas, nous traitons d'illusion et de
mensonge tout ce qui vaut mieux que ce bonheur; et les sentiments sublimes que le créateur
nous avait donnés se perdent dans les intérêts
de la terre. D'abord l'imagination avec ses ailes

hardies aspire à l'éternité ; puis un petit espace
suffit bientôt aux débris de toutes nos espérances trompées. L'inquiétude s'empare de notre
cœur. Elle y produit des douleurs secrètes ; elle
y détruit le repos et le plaisir. Elle se présente
à nous sous mille formes ; tantôt la fortune,
tantôt une femme, des enfants, le poignard, le
poison, le feu, la mer nous agitent. L'homme
tremble devant tout ce qui n'arrivera pas, et
pleure sans cesse ce qu'il n'a point perdu.

Non, je ne suis point comparable à la divinité ;
non, je sens ma misère : c'est à l'insecte que je
ressemble. Il s'agite dans la poussière, il se
nourrit d'elle, et le voyageur en passant l'écrase
et le détruit.

N'est-ce pas de la poussière en effet que ces
livres dont je suis environné ? Ne suis-je pas
enfermé dans le cachot de la science ? ces murs,
ces vitraux qui m'entourent, laissent-ils pénétrer seulement jusqu'à moi la lumière du jour
sans l'altérer ? Que dois-je faire de ces innom-
brables volumes, de ces niaiseries sans fin qui
remplissent ma tête ? Y trouverai-je ce qui me
manque ? Si je parcours ces pages, qu'y lirai-
je ? Que partout les hommes se sont tourmentés
sur leur sort ; que de temps en temps un heureux a paru, et qu'il a fait le désespoir du reste
de la terre. (*Une tête de mort est sur la table.*)

Et toi, qui sembles m'adresser un ricanement si
terrible, l'esprit qui habitait jadis ton cerveau
n'a-t-il pas erré comme le mien, n'a-t-il pas
cherché la lumière, et succombé sous le poids
des ténèbres ? ces machines de tout genre que
mon père avait rassemblées pour servir à ses
vains travaux ; ces roues, ces cylindres, ces le-
viers, me révèleront-ils le secret de la nature ?
Non, elle est mystérieuse, bien qu'elle semble
se montrer au jour, et ce qu'elle veut cacher,
tous les efforts de la science ne l'arracheront
jamais de son sein.

C'est donc vers toi que mes regards sont at-
tirés, liqueur empoisonnée! Toi qui donnes la
mort, je te salue comme une pâle lueur dans la
forêt sombre. En toi j'honore la science et l'esprit de l'homme. Tu es la plus douce essence
des sucs qui procurent le sommeil. Tu contiens
toutes les forces qui tuent. Viens à mon secours.
Je sens déjà l'agitation de mon esprit qui se
calme; je vais m'élancer dans la haute mer.
Les flots limpides brillent comme un miroir à
mes pieds. Un nouveau jour m'appelle vers l'autre bord. Un char de feu plane déjà sur ma
tête; j'y vais monter : je saurai parcourir les
sphères éthérées, et goûter les délices des cieux.

Mais dans mon abaissement comment les mé-
riter ? Oui, je le puis, si je l'ose, si j'enfonce

avec courage ces portes de la mort devant lesquelles chacun passe en frémissant. Il est temps
de montrer la dignité de l'homme. Il ne faut
plus qu'il tremble au bord de cet abîme, où
son imagination se condamne elle-même à ses
propres tourments, et dont les flammes de l'enfer semblent défendre l'approche. C'est dans
cette coupe d'un pur cristal, que je vais verser
le poison mortel. Hélas! jadis elle servait pour
un autre usage : on la passait de main en main
dans les festins joyeux de nos pères, et le con-
vive en la prenant célébrait en vers sa beauté.
Coupe dorée! tu me rappelles les nuits bruyan-
tes de ma jeunesse. Je ne t'offrirai plus à mon
voisin ; je ne vanterai plus l'artiste qui sut t'em-
bellir. Une liqueur sombre te remplit, je l'ai
préparée, je la choisis. Ah ! qu'elle soit pour
moi la libation solennelle que je consacre au
matin d'une nouvelle vie !

Au moment où Faust va prendre le poison, il entend les
cloches qui annoncent à la ville le jour de Pâques, et les
chœurs qui, dans l'église voisine, célèbrent cette sainte fête.

LE CHOEUR.

Le Christ est ressuscité. Que les mortels dé-
générés, faibles et tremblans s'en réjouissent.

FAUST.

Comme le bruit imposant de l'airain m'ébranle
jusqu'au fond de l'âme ! Quelles voix pures font

tomber la coupe empoisonnée de ma main ! An-
noncez-vous, cloches retentissantes, la première
heure du jour de Pâques? Vous, chœur ! célé-
brez-vous déjà les chants consolateurs , ces
chants que, dans la nuit du tombeau, les anges
firent entendre quand ils descendirent du ciel
pour commencer la nouvelle alliance?

Le chœur répète une seconde fois, le Christ, etc.

FAUST.

Chants célestes, puissants et doux, pourquoi
me cherchez-vous dans la poussière? faites vous
entendre aux humains que vous pouvez consoler. J'écoute le message que vous m'apportez,
mais la foi me manque pour y croire. Le mira-
cle est l'enfant chéri de la foi. Je ne puis m'é-
lancer dans la sphère d'où votre auguste nouvelle est descendue ; et cependant accoutumé
dès l'enfance à ces chants, ils me rappellent à
la vie. Autrefois un rayon de l'amour divin des-
cendait sur moi pendant la solennité tranquille
du dimanche. Le bourdonnement sourd de la
cloche remplissait mon âme du pressentiment
de l'avenir, et ma prière était une jouissance ar-
dente. Cette même cloche annonçait aussi les
jeux de la jeunesse, et la fête du printemps. Le
souvenir ranime en moi les sentiments enfan-
tins qui nous détournent de la mort. Oh ! fai-
tes-vous entendre encore, chants célestes ! la
terre m'a reconquis.

CHOEUR DES DISCIPLES.

Au sortir du tombeau, le Christ s'élance ra-
dieux vers le ciel. Hélas ! ses disciples fidèles
languissent ici bas. O divin maître, votre bonheur
est la source de notre tristesse.

CHOEUR DES ANGES.

O disciples fidèles, que vos regards se tour-
nent toujours vers les cieux; de là le Christ
vous appelle, que tout en vous aspire à monter vers lui.

Devant la porte de la ville.

Des promeneurs vont et viennent, des chasseurs se diri-
gent aux champs, des buveurs vers les guinguettes des fau-
bourgs, des bourgeois parlent des affaires de la ville et du
nouveau bourgmestre, un mendiant chante en demandant l'aumône ; des jeunes filles rient d'une vieille femme, des soldats
fredonnent des chansons guerrières.

FAUST et WAGNER.

FAUST.

Sous le doux et vivifiant regard du printemps,
les ruisseaux sont délivrés de leur prison de
glace; l'espérance renaît dans les verdoyantes
vallées, et le vieil hiver se retire peu à peu sur

les hautes montagnes. En vain, dans sa fuite, il lance sur le gazon des prairies quelques regards glacés, mais impuissants. Le soleil n'y souffre plus rien de blanc. Sous ses rayons, tout est vie, ou illusion, tout s'anime de couleurs nouvelles. Prendrait-il en passant pour des fleurs tous ces gens en gais habits de fête qui se sont répandus dans les prairies? Rentrons dans la ville : sous la voûte obscure de la porte se presse une foule toute bariolée. Chacun aujourd'hui vient se réjouir aux rayons du soleil : ils fêtent bien la résurrection du Seigneur, car ils semblent eux-mêmes revenus à la vie. Échappés à l'obscurité de leurs tristes habitations, au joug de leurs travaux journaliers, à la malpropreté de leurs rues étroites, ils sont enfin rendus à la lumière. Regardez, regardez donc comme la foule se précipite dans les jardins et dans les champs ! que de barques joyeuses sillonnent le fleuve ! voyez cette dernière, chargée à couler bas, qui s'écarte des autres. Les sentiers les plus lointains de la colline sont parsemés de gens en habits éclatants. J'entends déjà le bruit du village : c'est là que le peuple se livre à toute sa gaîté : ici je me sens homme, et j'ose l'être.

WAGNER.

Monsieur le docteur, malgré tout le profit et l'honneur qu'il y a à se promener avec vous, je

ne voudrais pas me confondre avec ce monde
là : je déteste ces plaisirs grossiers Je hais à la
mort leurs violons, leurs cris et leurs amuse-
ments bruyants. Ils appellent joie et danse leurs
hurlements et leurs trépignements.

Sous les tilleuls.

Des paysans dansent et chantent.

UN VIEUX PAYSAN.

Monsieur le docteur, il est beau de votre part
de condescendre aux jeux des pauvres gens, et
savant comme vous l'êtes, de ne pas dédaigner
de venir au milieu de cette foule bruyante.
Voici notre plus belle cruche, elle est pleine de
boisson fraîche ; je souhaite qu'elle apaise votre soif, et que vos jours soient aussi nombreux
que les gouttes qu'elle contient.

FAUST.

J'accepte ces rafraîchissements, et je vous remercie de vos bons souhaits.

(La foule s'assemble autour d'eux.)

LE VIEUX PAYSAN.

Nous aimons à vous voir venir en ce jour de

joie. Vous nous visitâtes autrefois dans de biens mauvais jours. Parmi tous ces gens, aujourd'hui bien vivants, il y en a plus d'un que votre père arracha à la fièvre chaude qui désolait ce pays. Vous n'étiez alors qu'un jeune homme : vous entriez sans crainte partout où il y avait des malades ; on emportait nombre de cadavres, mais vous n'eûtes jamais aucun mal. Le Sauveur vous protégea dans ces épreuves.

TOUS.

A la santé du courageux docteur ! Puisse-t-il longtemps nous être utile !

FAUST.

Prosternez-vous devant celui qui est là haut, c'est lui qui apprend à traiter les maladies, et c'est lui qui les guérit.

(Il s'éloigne avec Wagner.)

WAGNER.

Que ton cœur, ô grand homme, doit éprouver de douces sensations à ces honneurs si unanimes ! Heureux qui reçoit pour ses dons une telle récompense ! Le père te montre à son fils, on s'interroge, on court, on se presse, le violon s'arrête, la danse est suspendue. Tu passes, on se range en cercle, les chapeaux volent en l'air, peu s'en faut qu'on ne se mette à genoux comme sur le passage du bon Dieu.

FAUST.

Faisons encore quelques pas, et nous nous
reposerons de notre promenade sur cette pierre. Que de fois je m'y assis, seul, pensif, exté-
nué de jeûnes et de prières. Riche d'espérance,
ferme dans ma foi, je croyais, par mes larmes et mes supplications, obtenir du maître des
cieux la fin de cette peste cruelle : ces témoigna-
ges de reconnaissance retentissent aujourd'hui
à mon oreille comme une raillerie. Si tu savais
combien peu le père et le fils méritent cette re-
nommée ! Mon père était un brave homme obs-
cur qui, de bien bonne foi, raisonnait à sa manière sur les divers secrets de la nature. Avec
une société d'adeptes, il se livrait à l'alchimie
dans un sombre laboratoire, où il opérait la
transfusion des contraires. C'était là sa médecine : les malades mouraient, et personne ne de-
mandait : Qui a guéri ? Avec ces *électuaires* in-
fernaux, nous fîmes dans ces montagnes et ces
vallées plus de mal que la peste elle-même.
J'ai présenté moi-même le poison à des milliers
de malades, tous y ont passé, et moi, intrépide
assassin, je survis pour recevoir ces éloges.

WAGNER.

Pourquoi te troubler pour si peu ? L'honnête
homme a sa conscience nette, quand il exerce

avec ponctualité l'art qui lui fut transmis. Tu honorais ton père, en recevant ses instructions ; tu feras arriver ton fils à un plus haut degré, en faisant avancer la science.

FAUST.

Bienheureux qui peut espérer de ne pas s'abîmer dans un océan d'erreurs. On use de ce qu'on ignore, et on ne peut user de ce qu'on sait. Mais ne troublons pas, par ces sombres pensées, le calme de ces belles heures. Vois comme ces cabanes entourées de verdure brillent aux rayons du soleil couchant. Il baisse et va disparaître, mais c'est pour porter ailleurs une nouvelle vie. Oh ! que n'ai-je des ailes pour voler après lui, dans une clarté éternelle ! Je verrais, dans le crépuscule, tout un monde silencieux se dérouler au dessous de moi, je verrais les sommets des montagnes s'enflammer, les vallées s'obscurcir, et les flots argentés des fleuves se dorer en s'écoulant. Les monts sourcilleux n'arrêtent plus mon essor. Déjà l'immensité des mers se développe à mes regards éblouis des feux qu'elles réfléchissent. Cependant le dieu du jour commence à se cacher, mais je prends un nouvel élan, je le revois et je m'abreuve de son éternelle lumière. Le jour est devant moi ; derrière moi la nuit : le ciel au-dessus de ma tête, et sous mes pieds les vagues. — Le rêve est beau tant qu'il dure. Mais hélas ! l'esprit voyage seul, et le corps n'a point d'ailes pour accompagner son vol rapide. Cependant tout homme éprouve un sentiment profond, lorsqu'il entend au-dessus de sa tête le chant matinal de l'alouette, lorsqu'il voit l'aigle planer à une hauteur immense au dessus des rocs couverts de pins, lorsque la grue dirige son vol audacieux, au delà des vastes mers, pour retourner aux lieux de sa naissance.

WAGNER.

J'ai bien quelques velléités de ce genre, mais je n'en ai jamais été tourmenté. La vue des forêts et des prairies ne m'attache pas longtemps, ce n'est pas le vol des oiseaux que j'envie. Les livres seuls font la joie de mon esprit. Quels plaisirs je goûte d'aller de l'un à l'autre dans une nuit d'hiver ! On sent alors une vie heureuse circuler dans tous ses membres. Quand je déroule un vieux parchemin, je crois voir le ciel s'abaisser vers moi.

FAUST.

Tu ne connais encore que ce seul désir : n'apprends jamais à en connaître d'autres. Je sens en moi comme deux âmes qui se partagent mon cœur, et qui cherchent à se séparer : l'une s'attache au monde par les organes du corps ;

l'autre voudrait s'envoler loin des ténèbres dans la demeure où sont nos pères. Oh ! s'il y a dans l'air des esprits qui planent entre la terre et le ciel, qu'ils descendent de leurs nuages dorés, et qu'ils m'emportent vers une vie plus nouvelle et plus variée. Si je possédais un manteau magique pour me transporter dans les régions lointaines, je ne l'échangerais pas contre un manteau royal.

WAGNER.

Ah ! n'évoquez pas ces légions d'esprits redoutables qui remplissent l'atmosphère. La troupe qui vient du Nord aiguise contre nous des langues à triple dard ; celle de l'Est dessèche nos poumons et les dévore. Du Midi il nous en arrive qui accumulent sur nous leurs feux, et l'Ouest en vomit un essaim qui, après nous avoir rafraîchi, finit par détruire nos moissons. Ces esprits malfaisants obéissent volontiers à votre appel, parce qu'ils aiment à vous tromper : ils s'annoncent comme des envoyés du ciel, et ils mentent d'une voix angélique. Partons donc, le ciel s'assombrit, l'air se rafraîchit, le screin tombe. C'est le soir qu'on apprécie bien les agréments de son intérieur. Mais pourquoi vous arrêtez-vous? Que regardez-vous là avec attention et étonnement dans le crépuscule ?

FAUST.

Ne vois-tu pas ce chien noir qui rode à travers les blés et les chaumes ?

WAGNER.

Je le vois depuis longtemps ; il n'a rien d'extraordinaire.

FAUST.

Considère-le bien : que crois-tu qu'est cet animal ?

WAGNER.

C'est un barbet qui cherche à retrouver la trace de son maître.

FAUST.

Vois comme il tourne en spirale en se rapprochant de nous de plus en plus. Il me semble laisser après lui une traînée de feu.

WAGNER.

Je ne vois rien qu'un barbet noir ; vous avez peut-être quelque éblouissement.

FAUST.

Ne traîne-t-il pas des lacets magiques dont il voudrait nous enlacer ?

WAGNER.

Je vois un animal qui saute autour de nous craintif et hésitant, parce qu'au lieu de son maître il trouve deux inconnus.

FAUST.

Le cercle se retrécit de plus en plus.

WAGNER.

Tu vois, ce n'est qu'un chien, et non pas un fantôme. Il gémit, il se couche sur le ventre, il remue la queue, toutes manières de chien.

FAUST.

Ici ! viens avec nous.

WAGNER.

C'est un jeune barbet : tu t'arrêtes, il attend ; tu lui parles, il s'élance vers toi ; tu perds quelque chose, il le rapporte ; jette ta canne à l'eau, il la rapportera.

FAUST.

Tu as raison : je ne vois en lui nulle trace d'esprit, tout est éducation.

WAGNER.

Un chien bien élevé est digne de l'affection

2

du sage lui-même, celui-ci mérite bien tes
bontés. Ce sera le plus assidu de tes élèves.

(Ils rentrent par la porte de la ville.)

Le cabinet d'étude.

FAUST *entre suivi du barbet.*

J'ai quitté les champs et les prairies environ-
nés d'une nuit profonde. Des pressentiments, accompagnés d'une religieuse horreur, tiennent
en éveil la plus noble de mes deux âmes. Les
sensations grossières s'endorment et les orages
qu'elles soulèvent se calment. Je sens un ardent
amour des hommes et de Dieu.

Tiens-toi tranquille, barbet : ne cours pas
ainsi çà et là autour de la porte : qu'y flaires-
tu ? Va te coucher derrière la porte : je vais te
donner mon meilleur coussin. Tu nous as amusés
en chemin par tes tours et tes sauts, maintenant
sois paisible et ne me fais pas regretter l'hospitalité que je te donne.

A mesure que ma lampe éclaire mon étroite
cellule, la lumière pénètre aussi dans mon cœur,
qui se connaît mieux lui-même. La raison reprend la parole, et l'espérance reluit : mon âme
se retrempe à la source même de la vie.

Barbet, tais-toi ! la voix d'un animal fait une dissonnance avec les divins accents qui résonnent en moi. On est habitué à voir l'homme mépriser ce qu'il ne comprend pas, et à murmurer des meilleures choses, quand il en souffre ; mais faut-il que le chien grogne à son exemple ?.... Hélas ! déjà ma volonté est impuissante à recueillir cette douce satisfaction qui jaillissait de mon cœur. Pourquoi la source en est-elle sitôt tarie ? Pourquoi faut-il que ma soif ne soit jamais pleinement étanchée ? J'en ai trop souvent fait l'expérience !.... Mais cette misère va se terminer bientôt : ce qui s'élève au-dessus des choses de la terre est seul digne de mon estime, et j'aspire à une révélation qui ne brille nulle part d'un éclat plus pur et plus beau que dans le Nouveau Testament. Ouvrons ce livre divin...

S'il faut que je partage mon cabinet avec toi, Barbet, cesse donc d'aboyer. Je ne puis souffrir près de moi un compagnon si bruyant : il faut que l'un de nous deux s'en aille. C'est malgré moi que je viole à ton égard les lois de l'hospitalité. Tiens, la porte est ouverte : va-t-en. Mais que vois-je ? Est-ce naturel ? est-ce une ombre, est-ce une réalité ? Comme ce barbet s'enfle. Il s'élève avec effort, et perd la forme d'un chien. Quel spectre ai-je introduit chez moi ! Il a l'air d'un hippopotame, avec des yeux de feu et d'effroyables mâchoires ! Mais je saurai te maîtri-

56   FAUST.

ser. Pour cette bête infernale, il me faut la cla-
vicule (petite clef) de Salomon.

ESPRITS *dans la rue.*

Ici l'un de nous s'est laissé prendre comme
un vieux renard au piége. Restons ici près de
lui, balançons nos ailes d'or autour de sa prison,
et cherchons à le délivrer.

FAUST.

Pour aborder le monstre, j'emploierai d'abord
les conjurations des esprits qui président aux
quatre éléments, Salamandres, Ondins, Sylphes
et Gnomes. Pour se rendre maître des esprits,
il faut absolument connaître les éléments, leurs
forces et leurs propriétés. Aucun des quatre
n'existe dans cet animal. Il reste immobile, et
me regarde en grinçant des dents. Je ne lui ai
fait encore aucun mal. Tu vas me voir employer
de plus fortes conjurations.

Mon ami, est-tu un échappé de l'enfer ? Alors
regarde ce signe : devant lui les noires phalan-
ges s'inclinent.

Comme il se gonfle, et comme ses poils se
hérissent !

Être maudit, peux-tu lire ce nom inexprima-
ble, le nom de celui qui ne fut jamais créé, qui
est adoré par tout le ciel, et qui fut criminel-
lement transpercé ?

Il se réfugie derrière le poële, il s'enfle, il est aussi gros qu'un éléphant, il remplit tout l'espace, et va se résoudre en vapeur. Au moins ne monte pas jusqu'à la voûte. Viens te coucher auprès de ton maître : tu vois que je ne menace pas en vain. N'attends pas la lumière au triple éclat du feu sacré. N'attends pas la plus puissante de mes conjurations.

MÉPHISTOPHÉLÈS, *pendant que le nuage tombe, sort de derrière le poële.*

D'où vient ce bruit ? Qu'y a-t-il pour le service de monsieur ?

FAUST.

Voilà donc ce que le barbet avait dans le ventre ! un étudiant ambulant.

MÉPHISTOPHÉLÈS.

Savant docteur, je vous salue. Vous m'avez bien fait suer.

FAUST.

Quel est ton nom ?

MÉPHISTOPHÉLÈS.

Quelle demande frivole, de la part d'un homme qui fait si peu de cas des mots, et qui va toujours au fond des choses.

2.

FAUST.

Chez vous autres, vos noms font deviner votre nature : voilà pourquoi on vous appelle en-
nemis de Dieu, séducteurs, menteurs. Eh bien !
qui donc es-tu ?

MÉPHISTOPHÉLÈS.

Je suis une partie de cette force qui tantôt
veut le mal, et tantôt fait le bien.

FAUST.

Quel est le mot de cette énigme ?

MÉPHISTOPHÉLÈS.

Je suis l'esprit qui toujours nie ; et il est juste
que je nie, car tout ce qui existe est digne d'ê-
tre détruit ; et il serait mieux que rien n'exis-
tât. Tout ce que vous nommez péché, destruction, mal enfin, voilà mon élément.

FAUST.

Tu te nommes partie, et tu es entier devant moi.

MÉPHISTOPHÉLÈS.

Je te dis la modeste vérité. Si l'homme, dans
sa folie, se regarde comme un entier, pour
moi, je ne suis qu'une partie de la partie qui
existait au commencement de tout, une partie

de cette obscurité d'où la lumière a pris naissance, lumière orgueilleuse qui dispute à la nuit son rang antique et l'espace qu'elle occupait. Cela ne lui réussit guère, car le moindre corps l'arrête, et elle ne peut éclairer que les surfaces. Aussi j'espère qu'elle sera bientôt anéantie.

FAUST.

Je connais maintenant tes honorables fonctions : ne pouvant détruire l'ensemble, tu te rattrapes sur les détails.

MÉPHISTOPHÉLÈS.

Franchement, je n'ai pas fait grand ouvrage : malgré tous les bouleversements que j'ai causés, la nature est toujours vivante.

FAUST.

Ainsi tu opposes à la puissance qui donne la vie, la main froide du démon qui cherche à donner la mort. Quelles autres œuvres as-tu en vue, fils du chaos ?

MÉPHISTOPHÉLÈS.

Nous en parlerons à loisir à une autre visite. Maintenant laisse-moi partir.

FAUST.

As-tu besoin de ma permission ? Je te connais maintenant, tu peux me rendre visite quand

tu voudras, tu as pour entrer la porte, la fenêtre
et même la cheminée, à ton choix.

MÉPHISTOPHÉLÈS.

Il faut que je l'avoue : le pied magique, tracé
sur le seuil de ta porte, est l'obstacle qui m'em-
pêche de sortir.

FAUST.

Ah ! le *pentagramme* te fait peur ! s'il en faut
si peu pour te conjurer, dis-moi, fils de l'enfer,
comment se fait-il que tu sois entré ici ? Comment un esprit tel que toi s'est-il laissé attraper ?

MÉPHISTOPHÉLÈS.

Considère-le bien : il est posé un peu de
travers ; l'angle tourné vers la porte est un peu
ouvert.

FAUST.

Heureux hasard ! tu serais donc mon pri-
sonnier ?

MÉPHISTOPHÉLÈS.

Le barbet, en entrant, n'y prit pas garde : du
dehors la chose paraissait toute autre, et maintenant le diable est dans la souricière.

FAUST.

Pourquoi ne sors-tu pas par la fenêtre ?

MÉPHISTOPHÉLÈS.

Les diables et les revenants sont obligés de sortir par où ils sont entrés : c'est leur loi. Nous sommes libres pour l'entrée, mais esclaves pour la sortie.

FAUST.

L'enfer même obéit donc à des lois ? C'est très bien. Un pacte fait avec vous, messieurs, serait donc fidèlement observé ?

MÉPHISTOPHÉLÈS.

Ce qui t'aura été promis sera exactement tenu. Ce n'est pas une bagatelle qu'un pacte pareil ; mais nous en reparlerons. Maintenant laisse-moi partir, je t'en prie et je t'en supplie.

FAUST.

Reste donc encore un instant pour me prédire ce qui doit m'arriver.

MÉPHISTOPHÉLÈS.

Lâche-moi toujours. Je reviendrai bientôt, et alors tu auras tout le temps de m'adresser tes demandes.

FAUST.

Je ne t'ai point tendu de piége : c'est toi-même qui es venu te faire prendre. Quand on tient le diable, il faut le bien tenir ; si on le lâche, on ne le reprendra pas de si tôt.

MÉPHISTOPHÉLÈS.

Puisqu'il te plaît que je te tienne compagnie, je vais rester encore, mais à condition que je te ferai, par mon art, passer agréablement le temps.

FAUST.

Je suis charmé que tu restes de bonne volonté : mais il faut que ton art me divertisse.

MÉPHISTOPHÉLÈS.

Ton esprit va plus se recréer en une heure, que pendant une année entière de ta vie si uniforme. Les chants des esprits de l'air, les spectacles magnifiques qu'ils déploieront devant tes yeux, les parfums dont ils embaumeront ces lieux, vont te jeter dans une douce extase. Il n'est point nécessaire de faire des préparatifs : nous voici rassemblés : commencez.

Les esprits de l'air font entendre de doux chants, accompagnés d'une musique délicieuse. Une odeur suave se répand dans le cabinet de Faust, qui peu à peu tombe dans un sommeil profond, pendant lequel il fait des songes ravissants.

MÉPHISTOPHÉLÈS.

Il dort : c'est bien, jeunes esprits de l'air, je vous remercie de l'avoir enchanté ! je saurai

vous récompenser de ce service. — Tu n'es pas
homme à retenir le diable. — Fascinez-le par
vos doux prestiges, qu'il soit plongé dans l'a-
bîme des illusions.

Mais, pour sortir d'ici, pour détruire le charme de ce seuil que je ne puis franchir, il me
faut la dent d'un rat. Je n'aurai pas une longue
conjuration à faire : j'en vois trotter un qui
m'entendra bien vite. — Écoute, le roi des rats
et des souris, des mouches, des grenouilles, des
punaises, des poux, t'ordonne de venir ici et de
ronger ce seuil comme s'il était frotté d'huile.
Ah! te voilà prêt à obéir : vite à l'ouvrage. Vois-
tu cette pointe qui m'a arrêté, c'est là qu'il faut
ronger, encore un peu... c'est fait.

FAUST, *se réveillant.*

Est-ce encore une illusion? Tous ces esprits
ont donc disparu, le diable ne m'aurait-il présenté qu'un songe? Et n'ai-je été suivi que d'un
barbet?

Le cabinet d'étude.

FAUST, MÉPHISTOPHÉLÈS.

FAUST.

On frappe : entrez. Qui vient encore m'importuner ?

MÉPHISTOPHÉLÈS.

C'est moi.

FAUST.

Entre.

MÉPHISTOPHÉLÈS.

Tu dois le dire trois fois.

FAUST.

Entre donc !

MÉPHISTOPHÉLÈS.

J'aime à te voir 'ainsi, et j'espère que nous nous accorderons. Pour dissiper ta mélancolie, je me suis mis en jeune seigneur, le pourpoint écarlate brodé d'or, la plume de coq au chapeau, l'épée courte et bien affilée au côté. Fais en autant, je te le conseille, débarrasse-toi de tes chaînes, et viens goûter ce que c'est que la vie.

FAUST.

Sous quelque habit que ce soit, la vie ne me sera pas moins pesante. Je suis trop vieux pour m'amuser à des bagatelles, trop jeune pour être sans désirs. Qu'est-ce que le monde ¡peut m'offrir de bon? *Tout te manquera, tu manqueras de tout.* Tel est l'éternel refrain qui tinte sans cesse à nos oreilles, que chaque heure nous répète de sa voix cassée. Le matin, l'effroi accompagne mon réveil, à l'idée de ce jour qui va encore s'écouler sans réaliser un seul de mes vœux, pas un seul! de ce jour, où chaque plaisir, au moment de naître, sera paralysé d'avance par les tristes pressentiments de mon cœur agité. Quand la nuit arrive, j'entre avec crainte dans ce lit où le sommeil va fuir mes paupières, s'il n'est pas troublé par des rêves affreux. J'ai en moi comme une divinité puissante qui bouleverse mon être par des tempêtes intérieures, mais qui est sans action en dehors de moi. Voilà pourquoi la vie m'est à charge, pourquoi je désire la mort, pourquoi j'ai l'existence en horreur.

MÉPHISTOPHÉLÈS.

La mort n'est pourtant jamais un hôte à qui l'on fait bon accueil.

5

FAUST.

Heureux qui la reçoit au sein des combats ou
des plaisirs.

MÉPHISTOPHÉLÈS.

Pourtant il y a quelqu'un qui, cette nuit, a
hésité à avaler certaine liqueur brune....

FAUST.

Il paraît que tu t'amuses à espionner.

MÉPHISTOPHÉLÈS.

Je ne sais pas tout, mais je sais beaucoup de
choses.

FAUST.

Eh ! bien, puisque des sons bien doux et
bien connus m'ont arraché au désespoir auquel
je cédais, en m'offrant les aimables souvenirs
de mon enfance, je maudis tout ce que l'imagination embellit d'un prestige trompeur. Maudite
soit la haute idée que l'esprit se fait de lui-
même ! Maudit l'éclat des vaines apparences qui
flattent nos sens ! Maudits les rêves séducteurs
de gloire et d'immortalité ! Maudits les objets
que l'on aime à avoir en sa possession, femme
ou enfant, valet ou charrue ! Maudit Mammon,
soit qu'il nous entraîne à d'ambitieux projets,
soit qu'il nous endorme dans les jouissances du
luxe !

CHOEUR DES ESPRITS, *invisible*.

Malheur ! malheur ! la voix du puissant Faust
a détruit les illusions du monde magique. Nous
déplorons son désenchantement. Qu'il consente
à laisser pénétrer dans son sein les éléments
d'une nouvelle vie ; nos chants sauront en em-
bellir le cours.

MÉPHISTOPHÉLÈS.

Écoute ces chants des plus petits d'entre les
miens. Ils te conseillent sagement le plaisir et
l'activité. Ils veulent t'entraîner dans le monde,
loin de cette solitude où se pétrific ton esprit.

Cesse donc de prendre plaisir à cette mélancolie, qui, comme un vautour, dévore ton cœur.
Ne fuis plus la société des hommes : tu t'y sen-
tiras plus homme, fût-ce en mauvaise compagnie. Je ne suis pas un des premiers esprits :
mais, si tu veux, uni à moi, rentrer dans la
vie, je suis à tes ordres. Je serai ton compagnon, ou, si tu le préfères, ton serviteur et
ton esclave.

FAUST.

Et de quoi te serai-je redevable en retour de
tes services ?

MÉPHISTOPHÉLÈS.

Tu auras le temps de penser à cela plus tard.

FAUST.

Non, non : le diable est un égoïste, qui ne rend pas des services pour l'amour de Dieu. Exprime clairement la condition que tu mets aux tiens. Un pareil serviteur porte malheur à une maison.

MÉPHISTOPHÉLÈS.

Je promets d'être toujours prêt *ici* à obéir à ton moindre signe : en retour, tu me rendras la pareille, quand nous nous reverrons *là-dessous*.

FAUST.

Ce n'est pas le *dessous* qui cause mes peines ; j'en souffre *ici*, et le soleil les éclaire. Délivre-m'en, et arrive après ce qui pourra. Je ne veux pas penser plus loin ; peu m'importe qu'après moi on aime ou on haïsse, et que ces sphères aient un dessus et un dessous.

MÉPHISTOPHÉLÈs.

Avec ces idées, tu peux aller de l'avant. Tu verras bientôt quels plaisirs mon art peut te procurer. Je te donnerai ce que l'imagination d'un homme n'a pu seulement entrevoir.

FAUST.

Qu'as-tu donc à donner, pauvre diable ? Tes pareils ont-ils jamais conçu jusqu'où peuvent

aller les inspirations de l'esprit humain ? Tu
n'as à me donner que des aliments qui ne ras·
sasient pas, de l'or qui coule entre les mains
comme du vif-argent, un jeu auquel on ne ga-
gne jamais, de l'honneur qui s'évanouit comme
un météore. Fais-moi voir un fruit qui ne
pourrisse pas avant de tomber, et des arbres
couverts d'une verdure toujours nouvelle.

MÉPHISTOPHÉLÈS.

Rien de plus facile, je puis t'offrir de tels
trésors.

FAUST.

Si tu peux m'offrir un repos que rien ne
trouble, si tu peux faire que je me plaise à moi-
même, si tu peux m'abuser par des plaisirs, que
ce soit mon dernier jour. Je t'offre le pari !

MÉPHISTOPHÉLÈS.

Tope !

FAUST.

En revanche, si je te dis : Reste ! tu me plais !
Alors tu peux me saisir. Alors je renonce à l'existence. Alors mon glas funèbre peut sonner.
Alors tu es libre de ne plus me servir.... Que
l'aiguille marque mon heure suprême, que le
temps soit fini pour moi !

MÉPHISTOPHÉLÈS.

C'est convenu, ne l'oublie pas, moi j'y pen-
serai.

FAUST.

C'est juste. Je n'ai pas pris cet engagement
à la légère. Esclavage pour esclavage, qu'importe que je sois esclave de toi ou de tout autre.

MÉPHISTOPHÉLÈS.

Dès aujourd'hui je vais servir monsieur le
docteur à table comme son valet. Plus qu'un
mot : il me faut seulement deux lignes de ta
main, il y va de la vie ou de la mort.

FAUST.

Tu veux donc un écrit, pédant ? Tu ne connais donc pas ce que vaut la parole d'un homme ? N'est-ce pas assez que la mienne m'engage
pour l'éternité ? Quand tout est si peu stable
dans le monde, tu crois à la solidité d'un engagement par écrit !.... Mais on tient à cette chi-
mère. Heureux qui n'en a pas besoin, et qui se
sent lié par la foi seule qui réside dans son
cœur. Hélas ! un parchemin écrit et scellé a
une puissance plus grande qu'un serment : tout
le monde s'incline devant la souveraineté de la
cire et du parchemin. — Esprit malin, qu'exi-
ges-tu de moi ? airain, marbre, parchemin, pa-

pier ? avec quoi écrirai-je ? avec un style, un
burin, ou une plume ? je t'en laisse le choix.

MÉPHISTOPHÉLÈS.

Que de feu, que de paroles dépensées pour
si peu ! Le premier papier venu suffira. Seulement tu signeras ton nom avec une petite
goutte de ton sang.

FAUST.

Si cela t'est égal, tenons cette condition pour
une plaisanterie.

MÉPHISTOPHÉLÈS.

Non, le sang est un liquide d'une nature
toute particulière.

FAUST *signe de son sang.*

Tiens : tu ne crains plus maintenant que je
viole mon engagement. En le prenant, je me
suis promis de mettre en œuvre toutes mes
forces. J'ai voulu trop grandir, et je suis devenu
un de tes pareils. La nature s'est fermée devant
moi : mes pensées sont désorientées, et je suis
dégoûté de toute science. J'ai soif d'apaiser mes
passions dans l'abîme des sens : que les voiles
magiques se déchirent et me découvrent des
horisons inconnus ! Précipitons-nous dans les
vagues agitées des joies du monde. et ne pen-

sons pas si le plaisir ou la douleur, si le bonheur ou le malheur seront au bout de cette
vie nouvelle.

MÉPHISTOPHÉLÈS.

Aucune limite, aucun but ne vous est assi-
gné. Goûtez de tout, vous en êtes le maître ;
attrappez au vol ce qui se présentera. Allons !
attachez-vous à moi, et ne faites pas le timide.

FAUST.

Il ne s'agit point d'amusement en tout ceci.
Si je me jette à corps perdu dans le tumulte de
la vie, dans les jouissances qui engendrent la
douleur, dans l'amour qui produit la haine, dans
la paix d'où naît le désespoir, si je renonce à
la science, si j'ouvre mon cœur à toutes les
souffrances, c'est que je veux concentrer dans le
plus intime de mon être le lot de l'humanité
toute entière ; je veux que mon esprit attei-
gne ce que l'humanité a de plus élevé, pénètre
ce qu'elle a de plus secret ; je veux entasser dans
mon cœur les sensations de tout le bien et de
tout le mal qui sont le partage de l'humanité
afin qu'il éclate et se brise comme elle.

MÉPHISTOPHÉLÈS.

Le morceau est trop difficile à avaler : crois
m'en, moi qui l'ai mâché pendant plusieurs

milliers d'années : c'est un vieux levain que nul
homme ne peut digérer, du berceau jusqu'à la
tombe. Assumer sur soi tout le bien et tout le
mal de l'humanité, cela n'appartient qu'à un
Dieu. C'est là son triomphe. Pour nous, les ténèbres sont notre lot, et le vôtre, hommes,
c'est le crépuscule du doute, votre jour vaut
votre nuit.

FAUST.

N'importe, je le veux.

MÉPHISTOPHÉLÈS.

C'est entendu ! toutefois la vie est courte, et
l'art est long. Tenez, mettez à votre service l'i-
magination d'un poète, qu'elle vous doue de
toutes les qualités, qu'elle entoure votre tête
d'une auréole de gloire, qu'elle vous donne le
courage du lion, la légèreté du cerf, le sang
bouillant de l'Italien, la fermeté de l'homme du
nord ; qu'elle concilie en vous la grandeur
d'âme avec la finesse, qu'elle unisse à la sagesse de l'âge mûr l'ardeur de la jeunesse, si
je connaissais un pareil homme, je l'appellerais
monsieur *Petit-Monde*.

FAUST.

Eh ! que suis-je donc ? Ne saurais-je atteindre
cette couronne à laquelle aspire l'humanité de
toutes les forces de son cœur ?

3.

MÉPHISTOPHÉLÈS.

Tu es..... ce que tu es. Mets sur ta tête la perruque la plus ample, chausse des socques d'une aune de haut, tu n'en resteras pas moins ce que tu es.

FAUST.

Hélas! je ne le sens que trop. En vain j'accumule en moi tous les trésors de l'esprit humain, aucune idée nouvelle ne jaillit de mon cerveau, et l'infini est toujours aussi loin de moi.

MÉPHISTOPHÉLÈS.

C'est que, mon cher monsieur, vous voyez tout du point de vue vulgaire. N'attendez donc pas que les plaisirs de la vie vous échappent, avant de vous y livrer. — Allons! tes pieds, tes mains, ton corps t'appartiennent, mais ce dont tu jouis ne t'appartient pas moins. Si tu possèdes six chevaux, leurs forces ne sont-elles pas à toi? Et, homme ordinaire, n'as-tu pas vingt-quatre jambes de plus? Vite! plus de spéculation, mais de l'action! L'homme qui se contente de méditer, sans agir, est semblable à l'animal qu'un esprit malin fait tourner en cercle sur une lande aride, tandis qu'un vert pâturage est à l'intérieur de la circonférence qu'il décrit.

FAUST.

Par quoi commençons-nous ?

MÉPHISTOPHÉLÈS.

Quittons tout de suite ce cabinet où tu t'ennuies à mourir, toi et tout ce qui t'entoure. Partons, et laissons tout cela à ton voisin le ventru. A quoi bon perdre son temps à des travaux inutiles ? Ce que tu sais de mieux, tu n'oserais le dire à tes écoliers. — Justement j'en entends un dans le corridor.

FAUST.

Je n'ai pas le temps de le recevoir.

MÉPHISTOPHÉLÈS.

Le pauvre garçon attend là depuis longtemps : il ne faut pas le laisser s'en aller mécontent. Tiens ! donne-moi ta robe et ton bonnet de docteur : ce déguisement me siéra à merveille. (*Il endosse la robe et se coiffe du bonnet.*) Maintenant repose-toi sur mon intelligence : un petit quart-d'heure me suffit. Pendant ce temps, fais les préparatifs de notre beau voyage.

(Faust sort.)

MÉPHISTOPHÉLÈS, *seul.*

Va, dédaigne bien la raison et la science, ces forces de l'humanité. Livre-toi ainsi désarmé

aux illusions et aux prestiges de l'esprit malin,
et tu es à moi corps et âme. — Le destin l'a
livré à un esprit qui marche toujours intrépide-
ment devant lui, et dont l'élan rapide l'aura
bientôt emporté au-delà des plaisirs de la terre.
— Je vais le traîner sans relâche dans les dé-
serts de la vie : il se désespèrera, il s'attachera
à moi, il verra devant lui des aliments et des
breuvages que ses lèvres ne toucheront jamais ;
tourmenté par des désirs insatiables, il implo-
rera en vain quelque soulagement. Quand même il ne se serait jamais donné au diable, il ne
périrait pas moins.

UN ÉCOLIER *entre.*

L'ÉCOLIER.

Je ne fais que d'arriver dans cette ville, et
je viens, avec une soumission respectueuse,
faire connaissance et m'entretenir avec un
homme dont le nom est entouré de vénération.

MÉPHISTOPHÉLÉS.

Votre honnêteté me fait beaucoup de plaisir.
Je ne suis qu'un homme comme un autre. Avez-
vous déjà fait des études ?

L'ÉCOLIER.

Je viens vous prier de vous charger de mon
instruction. J'ai de la bonne volonté, passable-

ment d'argent, un esprit assez ouvert. Ma mère
ne m'a laissé partir qu'à regret, mais j'ai bonne
envie d'apprendre ici quelque chose d'utile.

MÉPHISTOPHÉLÈS.

Vous êtes venu à la bonne source.

L'ÉCOLIER.

A vous dire vrai, je ne me sens pas bien ici.
Ces murs sont bien resserrés : on y étouffe. Je
regrette la verdure de la campagne. Dans ces
salles, sur ces bancs, je ne puis plus ni entendre, ni voir, ni penser.

MÉPHISTOPHÉLÈS.

C'est une affaire d'habitude. L'enfant répugne
d'abord à prendre le sein de sa mère, mais
bientôt il est joyeux d'y venir puiser sa nourriture. Il en sera de même du sein de la sagesse, vous le désirerez chaque jour davantage.

L'ÉCOLIER.

Je veux l'embrasser avec ardeur ; mais ensei
gnez-moi le moyen d'y parvenir.

MÉPHISTOPHÉLÈS.

Avant d'aller plus loin, dites-moi quelle faculté vous voulez suivre.

L'ÉCOLIER.

Je désire de devenir très instruit, et j'aimerais
à pouvoir embrasser tout ce qu'on peut connaître au ciel et sur la terre.

MÉPHISTOPHÉLÈS.

Vous avez pris la bonne voie, et il ne fau-
drait pas vous en écarter.

L'ÉCOLIER.

Je me voue corps et âme à la suivre ; mais
je serais bien aise de prendre un peu de bon
temps aux jours de grande fête et pendant l'été.

MÉPHISTOPHÉLÈS.

Employez le temps, car il fuit bien vite ;
mais avec de l'ordre, vous en gagnerez. Mon
cher ami, je vous conseille avant tout de faire
un cours de logique. Là votre esprit sera exercé
à une gymnastique, qui vous empêchera de
voltiger comme un feu follet. On vous appren-
dra à faire en un, deux et trois temps, tout ce
que vous faites en un clin-d'œil, comme le
boire et le manger. Vous verrez que la pensée
se fabrique comme à un métier de tisserand,
où le pied fait mouvoir des milliers de fils, où
la navette va et vient sans cesse, où les fils
glissent invisibles, où mille nœuds se forment

d'un seul coup. Le philosophe arrive alors et vous démontre que le premier étant ceci, et le second cela, le troisième devra être telle chose, et que si le premier et le second n'existaient pas, le troisième n'existerait pas davantage. Les étudiants de tous les pays font grand cas de cette analyse du métier à tisser la pensée, et pourtant aucun d'eux n'est parvenu à être bon tisserand. Lorsqu'on veut désigner et analyser un être vivant, on commence par en chasser l'âme ; alors on a entre les mains toutes les parties, mais le lien qui les unissait entr'elles en leur donnant la vie a été détruit. La chimie nomme cela *encheiresin naturæ*, mais elle n'en sait pas davantage, et elle se moque d'elle-même.

L'ÉCOLIER.

Je ne puis pas tout à fait vous comprendre.

MÉPHISTOPHÉLÈS.

Vous comprendrez mieux, quand vous aurez appris à tout réduire et à tout classer comme il faut.

L'ÉCOLIER.

Je suis si étourdi de tout ce que vous me dites, qu'il me semble que j'ai une roue de moulin dans la tête.

MÉPHISTOPHÉLÈS.

Après cela, il faudra vous mettre à la métaphysique. Là vous étudierez des choses au-
dessus de la portée de l'homme. Que vous
compreniez ou non, vous aurez toujours un
mot technique à votre service. Du reste, réglez
bien votre temps pendant ce semestre. Vous
avez cinq heures de travail par jour. Soyez ici
au premier coup de cloche, après avoir toutefois bien étudié vos paragraphes, afin de ne dire
que ce qui est dans le livre, et quand le profes-
seur dictera, écrivez comme si vous entendiez
la parole divine.

L'ÉCOLIER.

Je ne me le ferai pas dire deux fois. Je suis
bien pénétré de l'importance de cette méthode.
Quand on a bien noirci du papier, on rentre
content de soi.

MÉPHISTOPHÉLÈS.

Décidez-vous pourtant à choisir une faculté.

L'ÉCOLIER.

L'étude du droit ne me plaît pas.

MÉPHISTOPHÉLÈS.

Je ne vous en ferai pas un crime, car je sais
trop ce que c'est que cette science. Il y est ques-

tion de toutes sortes de droits, excepté du droit
que chaque homme apporte en naissant.

L'ÉCOLIER.

Vous augmentez encore mon dégoût. Heureux celui que vous instruisez ! J'ai presque
envie d'apprendre la théologie.

MÉPHISTOPHÉLÈS.

Dans cette science, le mieux est toujours de
jurer par les paroles du maître. Surtout, arrêtez-vous aux mots.

L'ÉCOLIER.

Ne doit-il pas y avoir toujours une idée dans
un mot ?

MÉPHISTOPHÉLÈS.

Vraiment oui, si cela se peut ; mais il ne faut
pas trop s'en inquiéter, car là où les idées manquent, les mots viennent à propos pour y suppléer. Avec des mots, on se tire d'une discus-
sion ; avec des mots on bâtit un système ; on
croit aisément aux mots, on n'en ôterait pas
un iota.

L'ÉCOLIER.

Pardonnez l'importunité de mes demandes.
Ne me direz-vous rien de la médecine ? Un

cours de trois ans, c'est bien court pour une science si vaste.

MÉPHISTOPHÉLÈS *à part.*

Ce ton sec me fatigue, je vais reprendre mon rôle de diable. (*Haut*) Le fond de la médecine est facile à saisir : on étudie l'ensemble et les détails de l'organisation de l'homme, et puis on laisse aller le tout à la grâce de Dieu. On a beau étudier, chacun n'apprend que ce qu'il est capable d'apprendre. L'essentiel est d'avoir du savoir faire. Vous êtes un gaillard garçon, la hardiesse ne vous manque pas, ayez confiance en vous-même et vous en inspirerez aux autres. Apprenez surtout à avoir de l'influence sur les femmes, et elles vous aideront. Sachez les flatter et leur plaire, et vous ferez votre chemin.

L'ÉCOLIER.

Cela se comprend à demi mot : on sait son monde.

MÉPHISTOPHÉLÈS.

Mon bon ami, toute théorie est sèche, il faut semer de fleurs la pratique de la vie.

L'ÉCOLIER.

Je vous jure que mon entretien avec vous me fait l'effet d'un rêve. Me permettrez-vous de vous.

déranger un autre fois pour profiter encore de vos sages leçons ?

MÉPHISTOPHÉLÈS.

Bien volontiers.

L'ÉCOLIER.

Pour mieux m'encourager à revenir, ayez la bonté d'écrire quelques mots sur mon album.

MÉPHISTOPHÉLÈS.

J'y consens.

(Il écrit et le lui rend.)

L'ÉCOLIER *lit.*

Eritis sicut dii, scientes bonum et malum. (1)

(Il salue avec respect et sort.)

MÉPHISTOPHÉLÈS *seul.*

Je peux bien emprunter cette ancienne sentence à mon cousin le serpent. Il y a longtemps qu'on s'en sert dans ma famille. Suis-la, et bientôt tu douteras de ta ressemblance divine.

FAUST *entre.*

FAUST.

Où irons-nous maintenant ?

(1) Vous serez comme des dieux, sachant le bien et le mal.

MÉPHISTOPHÉLÈS.

Où tu voudras. Voyons le grand monde et le petit, nos courses seront aussi utiles qu'agréables.

FAUST.

Par ma longue barbe, je manque tout à fait de savoir vivre, et je n'aurai pas le moindre succès dans le grand monde, faute de savoir m'y présenter. Tout m'intimide et m'embarrasse, et je me sens trop petit.

MÉPHISTOPHÉLÈS.

Mon bon ami, tu auras tout ce qui te manque. Aie confiance en toi-même et tu auras du savoir vivre.

FAUST.

Comment sortirons-nous d'ici ? Où prendras-tu des valets, des chevaux et un équipage ?

MÉPHISTOPHÉLÈS.

En étendant ce manteau, il nous portera à travers les airs. Le paquet que tu prends avec toi n'est guères lourd pour une course aussi hardie. Je vais préparer un gaz inflammable qui va nous enlever de terre. Je te félicite de ton nouveau genre de vie.

La cave d'Auerbach, à Leipzig.

Réunion de joyeux compagnons.

FROSCH.

Personne ne boit ! personne ne rit ! Vous semblez de vrais poules mouillées, vous ordinairement si gais. Je vais vous apprendre à faire la mine.

BRANDER.

C'est toi qui ne sais pas nous mettre en train. Tu ne dis pas la moindre bêtise.

FROSCH *lui verse un verre de vin sur la tête.*

En voici une.

BRANDER.

Double cochon.

FROSCH.

J'en conviens.

SIEBEL.

A la porte les querelleurs ! Chantons la ronde à gorge déployée, buvons, crions : oh ! hé ! holà ! hé !

ALTMAYER.

Dieu! quel tapage! donnez-moi du coton:
le drôle me crève le tympan.

SIEBEL.

Quand la voûte résonne, c'est que la basse
a du creux.

FROSCH.

A la porte ceux qui se fâchent! Ah! tra la la!

ALTMAYER.

Tra la ra la.

FROSCH.

Nous sommes en voix.

(Il chante.)

BRANDER.

Quelle triste chanson! une chanson politi-
que!... fi donc.

(FROSCH chante une romance.)

SIEBEL.

Tu m'ennuies avec ta romance.

BRANDER.

Il en faut pour tous les goûts.

(Il chante la mort d'un rat empoisonné.)

SIEBEL.

Comme ces imbéciles se réjouissent ! Voilà un beau chef-d'œuvre que l'empoisonnement d'un pauvre rat.

BRANDER.

Tu prends le parti de tes semblables.

ALTMAYER.

Tiens, comme il est tendre, avec son gros ventre et sa tête pelée. Il voit son portrait tout craché dans ce rat qui crève.

FAUST *et* MÉPHISTOPHÉLÈS *entrent.*

MÉPHISTOPHÉLÈS.

Il faut avant tout que je t'introduise dans une société de viveurs, pour que tu voies ce que c'est que jouir de la vie. C'est ici tous les jours fête nouvelle pour eux. Avec peu d'esprit et beaucoup de sans-gêne, chacun tourne dans son cercle étroit de plaisirs, comme un jeune chat qui court après sa queue. Tant que la tête ne leur fait pas mal, et que le maître de l'estaminet leur fait crédit, ils sont contents et sans soucis.

BRANDER.

Voilà des gens qui arrivent de voyage : on

voit à leur air étranger qu'il n'y a pas plus
d'une heure qu'ils sont ici.

FROSCH.

Tu as raison : honneur à notre Leipzig ! c'est
un petit Paris où l'on vient se former.

SIEBEL.

Pour qui prends-tu cet étranger ?

FROSCH.

Laisse-moi faire : avec une rasade je leur ti-
rerai les vers du nez. On les prendrait pour
des gens de bonne maison, à leur air fier et
dédaigneux.

BRANDER.

Je parie que ce sont des charlatans.

ALTMAYER.

Peut-être.

FROSCH.

Attention ! je vais les mystifier.

MÉPHISTOPHÉLÈS à *Faust*.

Ces pauvres gens ne se doutent pas qu'ils ont
le diable près d'eux, quand même il les saisi-
rait à la gorge.

FAUST.

Bonjour, messieurs.

SIEBEL.

Grand merci de votre honnêteté. (*Bas, en re-gardant de côté Méphistophélès.*) D'où vient que ce drôle cloche sur un pied ?

MÉPHISTOPHÉLÈS.

Nous permettrez-vous de prendre place parmi vous, messieurs ? cela nous dédommagerait d'être privés de boire du bon vin.

ALTMAYER.

Vous êtes bien dégoûtés.

FROSCH.

Vous êtes sans doute parti bien tard de Rip-pach. Avez-vous soupé chez M. Jean ?

MÉPHISTOPHÉLÈS.

Nous ne nous sommes pas arrêtés chez lui. La dernière fois que nous le vîmes, il nous parla longtemps de ses cousins, et nous chargea de leur dire bien des choses.

(Il se baisse vers Frosch.)

ALTMAYER *bas*.

Te voilà pris ! il sait son affaire.

4

SIEBEL.

C'est un gaillard bien avisé.

FROSCH.

Attends un peu : je saurai bien le prendre à mon tour.

MÉPHISTOPHÉLÈS.

Si je ne me trompe, nous avons entendu en entrant un chœur de voix exercées. Ces voûtes doivent bien faire résonner les chants.

FROSCH.

Êtes-vous un virtuose ?

MÉPHISTOPHÉLÈS.

Non, j'ai bien peu de talent, mais je voudrais bien en avoir.

FROSCH.

Chantez-nous une chanson.

MÉPHISTOPHÉLÈS.

Tant que vous en voudrez.

SIEBEL.

Mais quelque chose de neuf.

MÉPHISTOPHÉLÈS.

Nous revenons d'Espagne, c'est le pays du vin et des chansons.

(Il chante.)

« Une jolie puce s'était logée chez un prince. »

FROSCH.

Écoutez ! une puce !.... c'était un hôte peu agréable.

MÉPHISTOPHÉLÈS.

« Une jolie puce s'était logée chez un prince, qui se prit d'amitié pour elle ; il fit venir son tailleur pour lui prendre mesure d'un habit de cour. »

BRANDER.

Dites au tailleur de la prendre juste, et que s'il tient à sa tête, le corsage ne fasse pas le moindre pli.

MÉPHISTOPHÉLÈS, *chantant.*

« Dès que l'animal se vit ainsi paré, chamarré, décoré de croix, il fit venir de province ses frères et ses sœurs, dont le prince fit autant de grands seigneurs. Tous les gens de la cour, sans rien oser dire, se grattaient nuit et jour. Ah ! plaignons leur destin, et dès qu'une puce nous pique, écrasons-la sans pitié. »

LE CHOEUR.

« Dès qu'une puce nous pique, écrasons-la sans pitié. »

FROSCH.

Bravo ! bravo ! bien chanté !

SIEBEL.

Ainsi soit-il de toutes les puces !

BRANDER.

Serrez les doigts et pincez-les bien fort.

ALTMAYER.

Vive la liberté ! vive le vin !

MÉPHISTOPHÉLÈS.

J'en boirais volontiers un verre, en l'honneur de la liberté, si vos vins étaient tant soit peu meilleurs.

SIEBEL.

N'en dites pas de mal.

MÉPHISTOPHÉLÈS.

Si je ne craignais pas de blesser le maître de l'estaminet, je ferais goûter aux aimables convives ce que nous avons de mieux dans notre cave.

SIEBEL.

Vous le pouvez : je prends tout sur moi.

FROSCH.

Il nous en faut un bon verre, si vous voulez
qu'on le loue ; car, pour le juger, j'ai besoin d'en
avoir plein la bouche.

ALTMAYER, *bas.*

C'est sans doute des vins du Rhin.

MÉPHISTOPHÉLÈS.

Procurez-moi un foret.

BRANDER.

Qu'en voulez-vous faire ? vos tonneaux ne sont
pas sans doute à la porte ?

ALTMAYER.

Il y a ici derrière un panier d'outils.

MÉPHISTOPHÉLÈS *prenant un foret des mains de*
Frosch.

Dites maintenant ce que vous voulez goûter·

FROSCH.

En auriez-vous de beaucoup de sortes ?

MÉPHISTOPHÉLÈS.

Chacun choisira celui qu'il voudra.

4.

ALTMAYER à *Frosch.*

Déjà tu te lèches les lèvres.

FROSCH.

Bon ! puisque j'ai le choix, je veux du vin du
Rhin ; la patrie produit toujours ce qu'il y a
de meilleur.

MÉPHISTOPHÉLÈS , *perçant un trou dans le rebord de
la table devant la place de Frosch.*

Procurez-moi un peu de cire pour servir de
bouchons.

ALTMAYER.

Mais c'est de l'escamotage.

MÉPHISTOPHÉLÈS à *Brander.*

Et vous ?

BRANDER.

Moi, je désire du vin de champagne bien
mousseux. (*Méphistophélès continue à faire des
trous au bord de la table avec le foret, et l'un des
convives qui a préparé des tampons de cire, les
bouche.*) Quoiqu'un bon Allemand n'aime guère
les Français, il boit leurs vins très volontiers.
Pour avoir les bonnes choses, il faut souvent
payer tribut à l'étranger.

SIEBEL, *à Méphistophélès qui s'approche de sa place.*

Quant à moi, j'avoue que je n'aime pas l'aigre : donnez-moi un verre de quelque chose de doux.

MÉPHISTOPHÉLÈS , *forant.*

Je vais vous faire couler du vin de Tokai.

ALTMAYER.

Moi , je ne veux rien. Regardez-moi en face ! vous voulez nous faire aller.

MÉPHISTOPHÉLÈS.

Ce serait être bien hardi, avec d'aussi nobles convives. Allons, ne vous faites pas prier : de quel vin voulez-vous ?

ALTMAYER.

De tous. C'est assez parler.
(On bouche tous les trous.)

MÉPHISTOPHÉLÈS, *avec des gestes singuliers.*

Si des cornes aigues poussent au front du bouquetin, si le cep produit du raisin, des tables en bois mises en perce peuvent bien donner du vin. Rien n'est impossible à la nature. — Allons, messieurs, débouchez les trous, et buvez.

TOUS, *tirant les bouchons de cire, et remplissant chacun leur verre du vin qu'ils ont demandé, et qui jaillit des trous.*

La belle fontaine qui nous coule là !

MÉPHISTOPHÉLÈS.

Gardez-vous seulement d'en répandre une goutte. (*Tous se remettent à boire et chantent :* Buvons, buvons, buvons.) Voyez comme les coquins y vont.

FAUST.

J'ai envie de m'en aller d'ici.

MÉPHISTOPHÉLÈS.

Encore une minute d'attention, et tu vas les voir dans toute leur naïve bestialité.

SIEBEL *boit sans précaution, et laisse tomber à terre du vin qui se change en flamme.*

Au secours ! au feu ! au feu !

MÉPHISTOPHÉLÈS *parlant à la flamme.*

Calme-toi, mon élément chéri. (*Aux convives.*) Pour cette fois ce n'était qu'une goutte du feu du Purgatoire.

SIEBEL.

Qu'est-ce que cela signifie ? Attendez ! vous ne nous connaissez guère : vous allez le payer cher.

FROSCH.

Je lui conseille de recommencer.

ALTMAYER.

Je suis d'avis de le prier poliment de s'en aller.

SIEBEL.

Que veut ce monsieur. Oserait-il venir nous jouer ici des tours de sorcier ?

MÉPHISTOPHÉLÈS.

Paix ! vieux sac à vin !

SIEBEL.

Manche à balai ! tu fais l'insolent !

BRANDER.

Attends un peu, les coups vont pleuvoir.

ALTMAYER *tire un bouchon de la table, un jet de feu jaillit du trou et l'atteint.*

Je brûle ! je brûle !

SIEBEL.

Sorcellerie !... Arrêtez ce coquin, il va nous
le payer !

(Ils tirent leurs couteaux, et s'élancent sur Méphistophélès.)

MÉPHISTOPHÉLÈS, *avec des gestes graves.*

Venez, tableaux magiques, paroles enchan-
tées, troublez leur esprit et leur sens.

(Ils se regardent avec étonnement.)

ALTMAYER.

Où suis-je ? quel beau pays !

FROSCH.

Un côteau couvert de vigne ! N'est-ce pas une
illusion ?

SIEBEL.

Des grappes sous ma main !

BRANDER.

Là, sous ces pampres verts, la belle grappe !
le beau cep !

(Il prend Siebel par le nez, les autres en font autant, et
lèvent leur couteaux.)

MÉPHISTOPHÉLÈS, *avec les mêmes gestes.*

Maintenant, partons : c'est assez ! vignes,

grappes, vaines illusions, évanouissez-vous !....
C'est ainsi qu'un diable se venge.

(Il disparaît avec Faust ; tous les convives lâchent prise.)

SIEBEL.

Qu'est-ce que c'est ?

ALTMAYER.

Quoi ?

FROSCH.

C'était donc ton nez que j'avais saisi.

BRANDER *à Siebel.*

Et j'ai encore le tien à la main.

ALTMAYER.

Ce coup me brise bras et jambes : donnez-
moi un siége, je vais m'évanouir.

FROSCH.

Que t'est-il donc arrivé ?

SIEBEL.

Où est-il, le coquin ? si je l'attrape, il ne sor-
tira pas vivant de mes mains.

ALTMAYER.

Je l'ai vu passer par la porte de la cave...
Il était à cheval sur un tonneau. — J'ai les

jambes lourdes comme du plomb. (*Il se tourne vers la table.*) Ma foi ! c'est dommage que le vin ait cessé de couler.

SIEBEL.

Tout cela n'était qu'un prestige, un mensonge.

FROSCH.

Je jurerais pourtant que j'ai bu du vin.

BRANDER.

Mais que sont devenues ces belles grappes ?

ALTMAYER.

Qu'on dise encore qu'il ne faut pas croire aux prodiges !

La cuisine d'une sorcière.

Sous une cheminée, une grosse marmite est sur le feu. On voit, à travers la vapeur qui s'en élève, des animaux étranges moitié singes moitié chats. La femelle, assise dans l'âtre à côté de la marmite, l'écume et veille à ce que le contenu ne se répande pas. Le mâle, avec ses petits, est assis près d'elle et se chauffe. Aux murs et au plafond pendent des instruments singuliers à l'usage de la sorcière.

FAUST et MÉPHISTOPHÉLÈS.

FAUST.

Tout cet étrange appareil de sorcellerie m'inspire le dégoût. Quelles jouissances peux-tu me promettre au milieu de ce ramassis d'objets extravagants ? Quels avis ai-je à attendre d'une vieille femme ? Me prépare-t-on dans cette cuisine quelque breuvage qui m'ôte trente ans de dessus le corps? Malheur à moi, si ta science ne peut rien de plus pour mon bonheur ! Toute espérance m'a déjà abandonné. Ni la nature, ni un esprit supérieur comme le tien ne peuvent-ils donc améliorer ma destinée ?

MÉPHISTOPHÉLÈS.

Tu parles encore sagement, mon ami. La nature a bien un moyen de te rajeunir, mais il se trouve dans un autre livre, et c'est un singulier chapitre.

FAUST.

Je veux le connaître, ce moyen.

MÉPHISTOPHÉLÈS.

Ce moyen ne demande ni argent, ni remède, ni sortilège : va tout de suite dans les champs, occupe-toi à bêcher et à remuer la terre, limite

5

ta pensée dans un cercle borné, ne prends
qu'une nourriture simple, vis comme les bêtes
et avec les bêtes, ne crains pas de t'abaisser en
répandant toi-même le fumier sur ton patrimoi-
ne, voilà, crois-moi, le plus sûr moyen de te
rajeunir de quatre-vingts ans.

FAUST.

Je n'ai pas été élevé à travailler la terre, et
je suis trop vieux pour m'y habituer. Je ne sau-
rais d'ailleurs me faire à une existence aussi
bornée.

MÉPHISTOPHÉLÈS.

Il faut donc avoir recours à la sorcellerie.

FAUST.

Mais quel besoin as tu de cette vieille? Ne
peux-tu pas brasser toi-même ce breuvage?

MÉPHISTOPHÉLÈS.

Le beau passe-temps que tu me donnerais là !
J'aurais plutôt construit mille des ponts dont
on me fait honneur. La préparation de ce
breuvage demande non seulement de l'art et du
savoir, mais encore beaucoup de patience. Il
faut de longues années et un esprit bien tranquille pour l'amener à perfection. Le temps
seul peut lui donner une vertu qui naît d'une
fermentation prolongée de tous les ingrédients

étranges qui y entrent. Le diable en a donné
la recette à la sorcière, mais il ne pourrait pas
le faire lui-même. (*Il aperçoit les chats-singes.*)
Vois, la gentille espèce d'animaux. Telle maîtresse, tels valets. (*Aux chats-singes.*) Je n'aperçois pas votre maîtresse, mes amis.

LES CHATS-SINGES.

Elle est partie par le tuyau de la cheminée
pour aller dîner sans doute chez quelques connaissances.

MÉPHISTOPHÉLÈS.

Combien de temps reste-t-elle ordinairement
dehors ?

LES CHATS-SINGES.

Pas plus de temps que nous n'en mettons à
nous chauffer ici les pieds.

MÉPHISTOPHÉLÈS, *à Faust.*

Comment trouves-tu ces aimables bêtes ?

FAUST.

Les plus dégoûtantes que j'aie jamais vues.

MÉPHISTOPHÉLÈS.

Et moi je trouve qu'elles parlent fort bien.
(*Aux animaux.*) Dites-moi au moins, mal-appris,
ce que vous brassez ainsi.

LES CHATS-SINGES.

Nous faisons cuire la soupe des singes.

MÉPHISTOPHÉLÈS.

Êtes-vous bien nombreux ici ?

LE CHAT-SINGE MALE *s'approche et flatte Méphistophélès.*

Viens, jouons tous deux. Un peu d'argent me rendrait bien content. Je ne suis rien, parce que je n'ai rien. Donne-moi de l'argent pour que je sois quelque chose.

MÉPHISTOPHÉLÈS.

Cet animal serait le plus heureux des animaux, s'il avait seulement de quoi mettre à la loterie.

(Les autres Chats-Singes jouent avec une grosse boule qu'ils font rouler.)

LE CHAT-SINGE MALE.

Cette boule est comme le monde, elle monte et descend, elle brille comme le verre, mais elle se brise comme lui, et ses éclats donnent la mort.

MÉPHISTOPHÉLÈS.

A quoi sert ce crible ?

LE CHAT-SINGE *le ramasse.*

Il sert à rendre l'âme visible. Si tu es un coquin, on saura te reconnaître en regardant à travers. (*Il va vers sa femelle et la fait regarder à travers le crible.*) Regarde par ce trou là, tu pourras peut-être nommer le coquin que voilà.

MÉPHISTOPHÉLÈS, *s'approchant du feu.*

Qu'est-ce donc que ce vase ?

LES CHATS-SINGES *mâle et femelle.*

Voyez ce sot, qui ne connaît pas le pot à faire la soupe.

MÉPHISTOPHÉLÈS.

Insolentes bêtes.

LE CHAT-SINGE.

Tiens, assieds-toi dans ce fauteuil, prends cet éventail, et tu seras le roi des bêtes.

(Il force Méphistophélès à s'asseoir.)

FAUST, *qui pendant ce colloque n'a pas cessé de se tenir devant le miroir, tantôt s'avançant, tantôt reculant.*

Que vois-je ? Quelle céleste image m'apparaît dans ce miroir magique ? Si je m'avance trop, je ne la vois plus qu'enveloppée d'un nuage. C'est la figure d'une belle femme ! Il y en a-t-il une pareille sur la terre ?

MÉPHISTOPHÉLÈS.

Regarde à ton aise : je saurai bien te déni

cher un trésor semblable. Heureux qui pourra
en faire son épouse.

(Faust continue à regarder dans le miroir. Méphistophélès
s'étendant dans le fauteuil et jouant de l'éventail, dit :)

Me voilà assis comme un roi sur son trône ;
l'éventail est mon sceptre, il ne me manque
plus que la couronne.

LES CHATS-SINGES, *qui n'ont cessé d'exécuter mille*
mouvements bizarres, apportent avec de grands
cris à Méphistophélès une couronne, qu'ils bri-
sent gauchement en deux morceaux, avec les-
quels ils dansent en rond.

Tiens, cher maître, daigne prendre ta couronne, en voici les morceaux, tu pourras peut-être
les rejoindre avec du sang.

FAUST, *devant le miroir.*

Malheur à moi ! cette vue me bouleverse.

MÉPHISTOPHÉLÈS, *montrant les animaux.*

Leur ronde commence à me faire tourner
la tête.

LES CHATS-SINGES.

Si cela nous réussit, nous pourrons nous van-
ter de nos talents.

FAUST *toujours devant le miroir.*

Quelle agitation fait battre mon cœur ! Éloignons-nous !

MÉPHISTOPHÉLÈS.

Quel langage parlent ces animaux ! ce sont de vrais poëtes !

(Pendant ce temps, la marmite que la femelle a cessé de surveiller commence à déborder, la liqueur qui s'épanche se change en une grande flamme, à travers laquelle la sorcière descend par la cheminée, en poussant des cris épouvantables !)

LA SORCIÈRE.

Hou ! hou ! hou ! misérables bêtes, vous laissez fuir ma soupe, et vous me rôtissez la peau ! ô les maudits animaux ! (*Elle aperçoit Faust et Méphistophélès.*) Que vois-je ? qui a eu l'audace d'entrer dans mon laboratoire ? Votre peau va sentir le feu.

(Elle plonge l'écumoire dans la marmite, et lance des gouttes de liqueur enflammée sur Faust, sur Méphistophélès et sur les animaux. Les chats-singes poussent des miaulements affreux)

MÉPHISTOPHÉLÈS *frappe de son éventail à droite et à gauche et casse les verres et les pots de la sorcière.*

En pièces ! en pièces ! vieux flacons ! vieux pots ! et toi, vieille sorcière, je vais te payer de ton insolence, et te faire changer de ton. (*La sorcière recule d'effroi.*) Ne me reconnais-tu pas, hideux squelette, horrible épouvantail? Ne reconnais-tu pas ton seigneur et maître? Je ne sais qui me tient de te mettre en pièces toi et tes esprits chats-singes. N'as-tu pas plus de respect pour mon pourpoint rouge, et pour ma plume de coq? T'ai-je caché mon visage? Faudra-t-il que je me nomme?

LA SORCIÈRE.

Pardonnez, seigneur, cet accueil un peu rude. Je ne vois pas votre pied fourchu. Qu'avez-vous fait de vos deux corbeaux?

MÉPHISTOPHÉLÈS.

Je te pardonne pour cette fois, car il y a bien du temps que nous ne nous sommes vus. La civilisation qui polit le monde étend son influence jusque sur le diable : il n'est plus question maintenant de cornes, de queue et de griffes! Et quant au pied fourchu, je ne puis m'en défaire, et comme il me nuirait dans le monde, j'ai adopté la mode des faux mollets tels qu'en portent beaucoup de jeunes gens.

LA SORCIÈRE *dansant.*

J'en perds l'esprit! monsieur Satan dans ma demeure! quel honneur pour moi!

MÉPHISTOPHÉLÈS.

Point de nom pareil, femme.

LA SORCIÈRE.

Quel mal y a-t-il à vous nommer ainsi.

MÉPHISTOPHÉLÈS.

Les hommes ne veulent plus croire au diable, mais ils n'en sont pas devenus meilleurs. Appelle-moi monsieur le baron. Je suis vraiment gentilhomme ; tiens voilà mon écusson.

(Il fait un geste grossier.)

LA SORCIÈRE, *riant aux éclats.*

Ha! ha! ha! c'est bien votre genre. Vous êtes un coquin comme vous l'avez toujours été.

MÉPHISTOPHÉLÈS *à Faust.*

Mon ami, prends exemple. Voilà comment on se conduit avec les sorcières.

LA SORCIÈRE.

Messieurs, dites-moi maintenant ce que vous désirez.

MÉPHISTOPHÉLÈS.

Nous voulons un bon verre de la liqueur que tu sais, mais de la plus vieille, car les années doublent sa force.

5.

LA SORCIÈRE.

Bien volontiers ; j'en ai un flacon auquel je goûte moi-même quelquefois. Je vais vous en donner un petit verre ; elle n'a plus la moindre mauvaise odeur. (*Bas à Méphistophélès.*) Mais si vous en laissez boire à cet homme, sans qu'il y soit préparé, vous savez qu'il n'aura pas une heure à vivre.

MÉPHISTOPHÉLÈS.

C'est un de mes bons amis, elle ne peut que lui faire du bien, et je lui laisserais boire sans crainte la meilleure de ta cuisine. Trace ton cercle magique, prononce les paroles conjuratrices, et donne-lui une pleine tasse de ta liqueur rajeunissante.

(La sorcière trace un cercle en faisant mille gestes bizarres. Elle place dans l'intérieur une foule d'objets singuliers. Alors les verres s'entrechoquent et forment une musique étrange, accompagnée d'un grondement, semblable au tonnerre, que fait le bouillonnement de la marmite. Enfin elle prend un gros livre, que les chats-singes tiennent ouvert devant elle, en l'éclairant avec des flambeaux. Elle fait signe à Faust de s'approcher d'elle.)

FAUST.

Je n'en ferai rien : dis-moi ce que tout cela va devenir. Je connais assez toutes ces simagrées de la sorcellerie : elles ne m'inspirent que le dégoût.

MÉPHISTOPHÉLÈS.

Ce n'est que pour rire. Ne fais donc pas tant
l'homme grave. Elle fait les préparatifs néces-
saires, comme médecin, pour que la liqueur te
soit profitable.

(Il pousse Faust dans le cercle.)

LA SORCIÈRE, *lisant d'un ton déclamatoire dans
son livre.*

Ami, suis mon système, avec un tu feras dix ;
avec deux, avec trois de même : c'est la manière de faire fortune. Cinq, six, sept, huit font de
même. Neuf est un, et dix n'est rien. Le mystère
est tout là.

FAUST.

Ces paroles n'ont pas plus de sens que celles
d'un malade que la fièvre fait rêvasser.

MÉPHISTOPHÉLÈS.

Elle n'a pas long à lire ainsi. Je connais ces
formules : son livre est plein de ces fadaises.
J'y ai perdu bien du temps, car les sages comme les fous font des actes bien contradictoires.
Les hommes croient toujours qu'il y a une pensée sous les mots, et ils se tourmentent pour
comprendre des choses inintelligibles.

LA SORCIÈRE *continuant.*

Personne au monde ne possède la science

universelle, mais souvent elle est donnée à ceux
qui la cherchent le moins.

FAUST.

Quelles choses contradictoires elle nous dit.
Elle me rompt la tête, il me semble entendre
parler toute une assemblée de fous.

MÉPHISTOPHÉLÈS.

Assez, assez, savante Sybille, donne ici ton
breuvage, et que la coupe soit pleine jusqu'au
bord. Il ne peut en résulter aucun mal pour mon
ami : c'est un savant qui a pris tous ses grades,
et qui a fait des siennes.

(La Sorcière verse la boisson dans le verre avec beaucoup
de cérémonie ; au moment où Faust la porte à ses lèvres, il
s'en élève une légère flamme.)

MÉPHISTOPHÉLÈS.

Du courage encore un peu ! cela va te réjouir
le cœur. Comment ! Tu es avec le diable à tu
et à toi, et tu as peur du feu !

(La Sorcière efface le cercle et Faust en sort.)

MÉPHISTOPHÉLÈS.

Partons ! il ne faut pas que tu te reposes.

LA SORCIÈRE.

Je souhaite que ce petit coup vous fasse
grand bien.

MÉPHISTOPHÉLÈS, *à la sorcière.*

Si je peux faire quelque chose pour toi, tu me le feras savoir au sabbat.

LA SORCIÈRE.

Chantez quelquefois la chanson que voici : elle vous fera éprouver des effets singuliers.

MÉPHISTOPHÉLÈS, *à Faust.*

Viens vite, et suis-moi. Il faut te donner du mouvement pour transpirer, afin que la vertu de la liqueur opère en dedans et au dehors. Je t'en ferai bientôt sentir l'influence.

FAUST.

Laisse-moi jeter encore un regard sur ce miroir, et voir cette belle figure.

MÉPHISTOPHÉLÈS.

Non! non! tu verras bientôt le modèle en personne. (*A part.*) Du moins cette boisson t'en donnera l'illusion.

SECONDE PARTIE.

—

Une rue.

FAUST, MARGUERITE *passant*.

FAUST.

Ma jolie demoiselle, voudriez-vous accepter
mon bras pour vous reconduire ?

MARGUERITE.

Je ne suis ni demoiselle, ni jolie, et je n'ai
besoin de personne pour me reconduire à la
maison.

(Elle se débarrasse de lui et s'en va précipitamment.)

FAUST.

Par le ciel ! je n'ai jamais vu une jeune fille si
belle, et d'un air si honnête et si vertueux.
Comme elle a rougi ! comme elle a baissé les
yeux ! comme elle s'est vite dégagée Elle m'a
laissé une impression profonde. (*Faust à Méphistophélès qui s'avance.*) Écoute, je veux revoir
cette jeune fille.

MÉPHISTOPHÉLÈS.

Laquelle ?

FAUST.

Celle qui vient de passer.

MÉPHISTOPHÉLÈS.

Celle-là ! elle est trop pieuse, je n'ai aucune prise sur elle.

FAUST.

Elle me plaît.

MÉPHISTOPHÉLÈS.

Elle n'est pas faite pour vous.

FAUST.

Monsieur le magister, trêve à vos remontran ces. Vous savez ce que vous m'avez promis. Si vous ne tenez pas vos promesses, à minuit nous sommes séparés.

MÉPHISTOPHÉLÈS.

Songez à quelque chose de faisable.

FAUST.

A quoi me sert donc l'aide du diable ?

MÉPHISTOPHÉLÈS.

Je vous dis une fois pour toutes qu'on ne peut

aller si vite avec cette fille. La violence serait inutile, et la ruse est indispensable.

FAUST.

Je veux voir au moins sa demeure.

MÉPHISTOPHÉLÈS.

Je veux vous prouver ma bonne volonté pour vous ; dès ce soir je vous conduirai chez elle.

FAUST.

Y sera-t-elle ?

MÉPHISTOPHÉLÈS.

Non, elle sera chez une voisine.

FAUST.

Partons-nous ?

MÉPHISTOPHÉLÈS.

Il est encore trop tôt.

FAUST.

Donne-moi de quoi lui faire un présent.

(Il sort.)

MÉPHISTOPHÉLÈS.

Des présents ! c'est le moyen de réussir. Je connais maints vieux trésors enterrés, et je vais les passer en revue.

(Il sort.)

Le Soir.

Une petite chambre où règnent l'ordre et la propreté.

MARGUERITE, *tressant, nattant ses cheveux et les attachant.*

Je donnerais quelque chose pour savoir qui est ce monsieur de ce matin. Il a le regard noble, et il doit être de bonne maison, sans cela il n'aurait pas été aussi hardi.

(Elle sort.)

MÉPHISTOPHÉLÈS, FAUST.

MÉPHISTOPHÉLÈS.

Entrez sans bruit, entrez donc.

FAUST, *après un moment de silence.*

Laisse-moi seul, je t'en prie.

MÉPHISTOPHÉLÈS.

Toutes les jeunes filles ne tiennent pas leur appartement si bien en ordre.

(Il sort.)

FAUST, *regardant autour de lui.*

Comme tout ici respire l'ordre, le contente-

ment ! que de satisfaction dans cette misère !
que de félicité dans ce réduit !

(Il se jette dans un fauteuil de cuir.)

Reçois-moi, meuble qui as reçu dans les bras
plusieurs générations dans la joie et dans la
douleur. Que de fois une troupe d'enfants s'est
suspendue à ce trône paternel ! Peut-être qu'a-
près sa prière, l'aimable fille qui habite ici, en-
tourée d'une jeune famille, a baisé ici la main
décharnée de son ayeul. Je vois ton esprit d'ordre présider à tous les arrangements de ce lieu;
c'est lui qui t'apprend à étendre proprement le
tapis sur la table et te fait remarquer jusqu'aux
grains de poussière qui crient sous tes pieds...
C'est ici qu'a grandi cette sainte et pure image de Dieu... Mais toi, Faust, quelle pensée t'a
conduit ici ? Quels sont les sentiments qui t'a-
gitent? Qu'y viens-tu faire? Pourquoi ton cœur
se serre-t-il ?... Malheureux Faust, je ne te reconnais plus... Il me semble être environné
d'une vapeur enchantée...

MÉPHISTOPHÉLÈS *rentrant.*

Partons, je la vois revenir.

FAUST.

Oui. partons, je ne remettrai plus les pieds ici.

MÉPHISTOPHÉLÈS.

Voici une petite cassette pas mal lourde, que

j'ai prise en certain endroit : place-la dans l'armoire, et je te jure qu'elle va lui faire tourner la tête. Ce que je te donne là servira bien tes projets : il faut traiter les enfants comme des enfants.

FAUST.

Je ne sais si je dois...

MÉPHISTOPHÉLÈS.

Cela se demande-t-il? A moins que vous ne préfériez garder le trésor? En ce cas je demande que votre avarice m'épargne un temps précieux et des soins fatigants. Je n'espère plus vous voir plus sensé, j'ai beau me gratter la tête, pour y parvenir... *(Il met la cassette dans l'armoire dont il referme la serrure.)* Allons, partons vite, vous voilà planté au milieu de cette chambre, comme si vous alliez poser devant un auditoire, en ayant devant vous la physique et la métaphysique en personnes naturelles. Venez donc.

(Ils sortent.)

MARGUERITE *entre, sa lampe à la main.*

Que l'air de cette chambre est épais et suffocant ! *(Elle ouvre la fenêtre.)* Il ne fait pourtant pas chaud dehors. Aujourd'hui je suis toute je ne sais comment. — Je voudrais que ma mère ne rentrât pas. Un frisson me court par tout le corps. D'où viennent les craintes folles qui me troublent? *(Elle se met à chanter en se déshabillant ; puis elle ouvre l'armoire pour y serrer les vêtements qu'elle quitte, et y voit la cassette.)* Comment cette belle cassette se trouve-t-elle là-dedans? J'avais pourtant fermé l'armoire à clef, j'en suis sûre. C'est étonnant: que contient-elle? Serait-ce un gage sur lequel ma mère aurait prêté? Il y a la clef pendue à un ruban : je puis donc l'ouvrir sans indiscrétion. Qu'est-ce que tout cela? Dieu du ciel ! de ma vie je n'ai rien vu de semblable. Une parure dont une grande dame se ferait honneur aux plus beaux jours de fête. Que cette chaîne m'irait bien ! A qui donc peuvent appartenir de si riches bijoux ? *(Elle s'en pare, et va se regarder au miroir.)* Si seulement ces pendants d'oreilles étaient à moi ! Comme cela vous donne un tout autre air! Jeunes filles, la beauté ne nous sert de rien, on la dédaigne, ou on lui fait l'aumône de quelques éloges. C'est la fortune qui est tout. Ah ! pauvres que nous sommes !

Une Promenade.

FAUST *se promène plongé dans ses réflexions.*

MÉPHISTOPHÉLÈS, *s'approche de lui.*

Par l'amour dédaigné ! par l'enfer et ses éléments ! je suis prêt à tout maudire.

FAUST.

Qu'as-tu donc ? Qu'est-ce qui t'agite si fort ?
Je n'ai vu de ma vie une figure si bouleversée.

MÉPHISTOPHÉLÈS.

Si je n'étais pas le diable, je me donnerais
à lui.

FAUST.

As-tu quelque chose de dérangé dans la tête.
ou tempêtes-tu ainsi pour ton plaisir ?

MÉPHISTOPHÉLÈS.

Savez-vous ce qu'est devenue la parure offerte
à Marguerite ? En arrivant, la mère a pris la
cassette pour la voir : tout de suite elle s'en est
méfiée par instinct. La dame a l'odorat fin : elle
a toujours le nez dans le livre de prières, et
elle est toujours aux aguets pour écarter de sa
fille tout objet profane. A la vue des bijoux,

elle a vite jugé que ce n'était pas quelque chose
de béni, et elle a dit : « Ma chère enfant, le bien
mal acquis captive l'âme et la perd : il faut en
faire hommage à la Sainte Vierge, et elle nous
en récompensera par les bénédictions du ciel. »
La petite Marguerite a fait un peu la moue ; elle
pensait en elle-même que cheval donné est toujours bon, et que celui qui avait si adroitement
introduit la cassette dans l'armoire n'était pas
pour cela un impie. La mère a persisté dans sa
résolution, et elle a fait don de tous ces bijoux
à la chapelle de la Sainte Vierge.

FAUST.

Et Marguerite ?

MÉPHISTOPHÉLÈS.

Elle est triste, inquiète, ne sait ce qu'elle
veut, ni ce qu'elle doit faire, pense à la cassette
jour et nuit, et surtout à celui qui l'a apportée.

FAUST.

Je souffre de sa douleur. Va vite me chercher une autre cassette ; celle-ci n'avait déjà
pas tant de valeur.

MÉPHISTOPHÉLÈS.

Vraiment ! pour monsieur tout cela n'est que
bagatelles.

FAUST.

Suis mes idées ; et établis-toi chez la voisine ; importe-toi en diable et non pas en enfant, et procure-moi un autre présent.

MÉPHISTOPHÉLÈS.

Oui, mon gracieux maître, de tout mon cœur. *Faust sort.*) Un pareil fou serait capable de nous demander le soleil, la lune et les étoiles, afin d'en faire un feu d'artifice pour les beaux yeux de sa belle.

(Il sort.)

La Maison de la Voisine.

MARTHE, *seule.*

Que Dieu pardonne à mon mari, quoique j'aie bien à me plaindre de lui. Il m'a laissée dans la misère pour courir le monde. Je ne l'ai pourtant guère tourmenté, et je l'aimais de tout mon cœur, Dieu le sait. (*Elle pleure.*) Qui sait s'il n'est pas mort ! Ah ! si j'avais au moins son extrait mortuaire.

MARGUERITE *entre.*

Madame Marthe !

MARTHE.

Que veux-tu, petite Marguerite?

MARGUERITE.

Mes genoux tremblent et mes jambes ne peuvent me porter. Je viens de trouver dans mon armoire une autre cassette, du même bois, et contenant des choses bien plus riches que la première.

MARTHE.

Il ne faut rien en dire à ta mère qui irait encore la porter à l'église.

MARGUERITE.

Mais voyez donc! admirez!

MARTHE, *la parant.*

Heureuse créature, va!

MARGUERITE.

Je suis trop pauvre pour me montrer ainsi dans les rues, ou à l'église.

MARTHE.

Viens me trouver souvent, et chaque fois tu essaieras ici en secret ces parures. Tu te regarderas pendant une heure au miroir; cela nous fera plaisir. Et puis, à une occasion, à une grande fête, nous ferons paraître aux yeux des gens ces bijoux, les uns après les autres, une fois une petite chaîne, une autre fois des perles aux oreilles. Nous trouverons quelque histoire pour dire à ta mère qui ne se doutera de rien.

MARGUERITE.

Qui donc a pu apporter chez moi ces deux petites cassettes? cela n'est pas naturel.

(On frappe.)

MARTHE, *regardant en écartant le rideau.*

C'est un monsieur étranger. — Entrez.

MÉPHISTOPHÉLÈS, *entrant.*

Pardon, mesdames, d'entrer si brusquement. (*Il salue Marguerite.*) Je désirerais parler à madame Marthe Swerdlein.

MARTHE.

C'est moi; que me veut Monsieur ?

MÉPHISTOPHÉLÈS, *bas.*

Je sais maintenant où vous trouver; je me retire, vous avez la visite d'une personne distinguée, je ne veux pas vous déranger. Pardon de la liberté; je reviendrai cette après-midi.

MARTHE, *avec gaîté.*

Vois, ma fille, ce que c'est que le monde.

6

Monsieur te prend pour une demoiselle de haut
parage.

MARGUERITE.

Je ne suis qu'une pauvre fille, Monsieur est
très poli, cette parure et ces bijoux ne m'appartiennent pas.

MÉPHISTOPHÉLÈS.

Oh ! ce n'est pas la parure seule qui cause
ma méprise, vous avez un air, un regard si dis-
tingués ! je suis heureux que vous me permet-
tiez de rester.

MARTHE.

Que vient-il m'annoncer ? je désirerais bien...

MÉPHISTOPHÉLÈS.

Je voudrais vous apporter une nouvelle moins
triste ; mais j'espère que vous ne vous fâcherez
pas contre moi ; votre mari est mort, et avant
de mourir, il m'a chargé de vous porter ses
adieux.

MARTHE.

Ah ! il est mort ! oh ! le pauvre homme ! Mon
mari est mort. Ah ! je m'évanouis.

MARGUERITE.

Ah ! ma chère Marthe, ne vous désolez pas
ainsi.

MÉPHISTOPHÉLÈS.

Écoutez le récit de sa triste fin.

MARTHE.

Oui, racontez-moi comment il est mort.

MÉPHISTOPHÉLÈS.

Il est mort à Padoue, et il a été enterré en terre sainte, près de Saint Antoine.

MARTHE.

Vous n'avez aucun souvenir à m'apporter de lui.

MÉPHISTOPHÉLÈS.

Un seul, une prière de lui, une prière qui mérite attention : c'est de faire dire pour lui trois cents messes. Voilà tout ce dont il m'a chargé : mes poches sont vides.

MARTHE.

Quoi ! pas une médaille ? pas le moindre bijou ? pas même ce que l'ouvrier le plus misérable garde précieusement au fond de son sac comme un souvenir, dont il ne se défait jamais, préférant mendier que de le vendre pour s'empêcher de mourir de faim.

MÉPHISTOPHÉLÈS.

Il m'est bien pénible, madame, de vous le

dire, mais il n'a pas gaspillé son argent. Il s'est
bien repenti de ses fautes, et a déploré son
malheur.

MARGUERITE.

Qu'il y a des hommes malheureux ! certes, je
veux lui faire dire quelques messes.

MÉPHISTOPHÉLÈS, *à Marguerite*.

Aimable comme vous êtes, vous êtes digne de
vous marier vite.

MARGUERITE.

Oh ! je n'y songe pas encore.

MARTHE.

Continuez donc votre récit.

MÉPHISTOPHÉLÈS.

Je m'assis auprès de son lit de mort, si l'on
peut appeler lit de la paille à demi pourrie, un
peu mieux que du fumier. Il mourut comme un
chrétien, acceptant son sort sans murmure.
« Comme je dois, disait-il, me haïr moi-même,
pour avoir ainsi abandonné ma femme et mon
état ! Ah ! ce souvenir me tue ! pourra-t-elle me
pardonner en cette vie ? »

MARTHE, *pleurant*.

Le brave homme ! je lui ai pardonné depuis
longtemps.

MÉPHISTOPHÉLÈS.

« Mais, Dieu en est témoin, elle a plus de reproches à se faire que moi. »

MARTHE.

Ce n'est pas vrai ! quoi ! mentir au bord de
la tombe ?

MÉPHISTOPHÉLÈS.

Ma foi, autant que je puis m'y connaître, il
en contait même en étant à l'agonie. « Je n'a-
vais, disait-il, pas le temps de bâiller, il fallait
du pain... Et quand je dis du pain, cela comprend tout, et elle ne m'en laissait pas manger
ma part en paix. »

MARTHE.

A-t-il donc oublié ma foi et mon amour ? Et
mes fatigues de jour et de nuit ?

MÉPHISTOPHÉLÈS.

Non, il ne les a pas oubliés ; car il me dit :
« Quand je partis de Malte, je priai avec ardeur
pour ma femme et pour mes enfants ; aussi le
ciel me fut-il propice. Notre vaisseau captura
un bâtiment turc qui portait un trésor du grand
sultan, et comme je m'étais battu avec courage,
j'eus ma part du butin. »

6.

MARTHE.

Comment? Qu'en a-t-il fait? Il l'a peut-être enterrée.

MÉPHISTOPHÉLÈS.

Qui sait où elle a été dispersée. Arrivé à Naples, il mena joyeuse vie et tout fut bientôt dissipé.

MARTHE.

Le vaurien! qui a volé ses enfants! Faut-il que ni la misère ni le besoin n'aient empêché une vie si scandaleuse!

MÉPHISTOPHÉLÈS.

Aussi, il en est mort. A votre place, je le pleurerais pendant un an, comme c'est l'usage, et puis je chercherais un autre mari.

MARTHE.

Ah! je n'en trouverais pas facilement un autre qui valût le premier. C'était le fou le plus charmant : seulement il aimait un peu trop les voyages, le vin étranger et les maudits jeux de dés.

MÉPHISTOPHÉLÈS.

En effet, tout cela était supportable, si, par hasard, de son côté, il vous passait quelque chose. Moyennant cette clause, je ferais volontiers avec vous l'échange de l'anneau.

MARTHE.

Monsieur aime à plaisanter.

MÉPHISTOPHÉLÈS, *à part.*

Ma foi, il ne faut pas trop s'arrêter ici, car elle prendrait le diable au mot. (*à Marguerite.*) Comment va le cœur ?

MARGUERITE.

Que veut dire Monsieur ?

MÉPHISTOPHÉLÈS, *à part.*

Que cette enfant est innocente ! (*Haut.*) Bonjour, mesdames.

MARGUERITE.

Bonjour, monsieur.

MARTHE.

Avant de partir, je voudrais avoir quelque chose qui prouvât à quel endroit mon mari est mort et enterré. J'ai toujours aimé l'ordre, et je voudrais voir sa mort annoncée dans le journal.

MÉPHISTOPHÉLÈS.

Ma bonne dame, en tout pays la vérité d'un fait se prouve par le témoignage de deux per-

sonnes. J'ai avec moi un compagnon que je
ferai paraître devant l'autorité pour vous être
agréable. Je vais l'amener ici,

MARTHE.

Ah oui, je vous en prie.

MÉPHISTOPHÉLÈS.

Mademoiselle peut rester. C'est un brave garçon, qui a beaucoup voyagé, et qui est fort
honnête.

MARGUERITE.

Je serais bien embarrassée devant ce monsieur.

MÉPHISTOPHÉLÈS.

Vous pourriez paraître devant un roi.

MARTHE.

Nous attendrons ces messieurs tantôt, là, derrière la maison, dans mon jardin.

Une Rue.

FAUST, MÉPHISTOPHÉLÈS.

FAUST.

Qu'as-tu fait? As-tu avancé? Arriverons-nous bientôt au but?

MÉPHISTOPHÉLÈS.

Ce soir vous verrez Marguerite chez Marthe sa voisine ; c'est une femme qu'on croirait choisie exprès pour le rôle que je veux lui faire jouer.

FAUST.

Fort bien.

MÉPHISTOPHÉLÈS.

Cependant on demandera quelque chose de nous.

FAUST.

Un service en mérite un autre.

MÉPHISTOPHÉLÈS.

Il faut que nous attestions que le corps du mari de cette femme repose à Padoue en terre sainte.

FAUST.

Il faudra donc que nous fassions le voyage pour aller le voir.

MÉPHISTOPHÉLÈS.

Sancta simplicitas! Ce n'est pas nécessaire : vous n'avez qu'à témoigner sans en savoir davantage.

FAUST.

Si tu attends cela de moi, le plan échoue.

MÉPHISTOPHÉLÈS.

O saint homme... Le serez-vous encore longtemps ? Est-ce la première fois de votre vie que vous aurez fait un faux témoignage ? N'avez-vous pas affirmé sur Dieu, sur le monde, sur l'homme, sur la nature, une foule de choses dont vous n'étiez pas plus instruit que de la mort et de la sépulture de M. Swerdlein ?

FAUST.

Tu es et tu seras toujours un menteur et un sophiste.

MÉPHISTOPHÉLÈS.

Et toi ne jureras-tu pas demain l'amour le plus sincère à cette pauvre Marguerite ?

FAUST.

Et du fond de mon cœur.

MÉPHISTOPHÉLÈS.

Et tes serments de fidélité éternelle partiront-
ils aussi du cœur ?

FAUST.

Laissons cela, je suis rassasié de bavardage,
et je préfère me taire.

Un Jardin.

MARGUERITE *appuyée sur le bras de* FAUST ;
MARTHE *et* MÉPHISTOPHÉLÈS *se promenant.*

MARGUERITE.

Monsieur a trop de condescendance, et je
rougis de sa bonté. Les voyageurs ont coutume
de tout prendre en bonne part : mais comment
un homme aussi bien élevé que vous peut-il
avoir du plaisir à écouter mon pauvre langage ?

FAUST.

Je prends plus de plaisir à une de tes paroles
qu'à toute la sagesse du monde.

MARGUERITE.

Ne baisez pas ma main ; elle est trop sale,

trop rude ; ma mère est si économe, elle me
fait tout faire à la maison.

(Ils passent.)

MARTHE à Méphistophélès.

Et vous, monsieur, vous voyagez donc toujours ainsi ?

MÉPHISTOPHÉLÈS.

Les devoirs de notre état nous y forcent. On
quitte certains lieux avec bien du chagrin, mais
on n'oserait prendre sur soi d'y rester.

MARTHE.

Quand on est dans la force de l'âge, il est
agréable de courir librement le monde. Mais
la vieillesse arrive, et il est pénible d'arriver à
la fin de sa carrière dans l'isolement du célibat.

MÉPHISTOPHÉLÈS.

Cet avenir m'effraie.

MARTHE.

Il faut y penser à temps.

(Ils passent.)

MARGUERITE.

On se lasse bientôt de cela ; vous ne me dites
ces choses que par politesse. Vous avez beaucoup d'amis plus spirituels que moi.

FAUST.

Ce qu'on nomme esprit, ma chère, n'est souvent que futilité et bêtise.

MARGUERITE.

Comment ?

FAUST.

Faut-il que la simplicité et l'innocence ne sa-
chent pas apprécier leur sainte dignité ! Que
l'humilité, la modestie, les dons les plus précieux de la nature...

MARGUERITE.

Pensez un seul moment à moi, pour moi j'aurai souvent le loisir de penser souvent à vous.

FAUST.

Vous êtes donc toujours seule ?

MARGUERITE.

Oui, notre ménage n'est pas grand, mais il
faut en avoir soin. Nous n'avons pas de ser-
vante ; il faut préparer les repas, balayer, tri-
coter, coudre, courir soir et matin. Ma mère
a beaucoup d'ordre et d'économie ; non pas
que nous soyons dans la gêne ; nous pour-
rions faire largement les choses comme bien
d'autres. Mon père nous a laissé un joli avoir.

7

une petite maison et un jardin à l'entrée de la ville. Dans ce moment, je ne suis pas très occupée : mon frère est militaire, et ma petite sœur est morte. Cette enfant me donnait bien du mal, mais je la soignais avec plaisir, je l'aimais tant !

FAUST.

C'était un ange, si elle te ressemblait.

MARGUERITE.

C'est moi qui l'élevais, et elle m'aimait beaucoup. Elle vint au monde après la mort de mon père, et ma mère fut si malade, que nous pensâmes la perdre. Elle ne se remit que peu à peu, et bien lentement, de sorte qu'il lui fut impossible de nourrir cette petite créature. C'est moi qui la nourrissais avec du lait et de l'eau : elle était comme ma fille. Je la tenais dans mes bras, contre mon sein; c'est là qu'elle se développa, et qu'elle prit une grande amitié pour moi.

FAUST.

Ton bonheur devait être bien pur.

MARGUERITE.

Oui, mais j'avais aussi des heures bien pénibles. La nuit, le berceau de la petite était près de mon lit ; si elle remuait un peu, je m'éveillais ; tantôt il fallait la faire boire, tantôt la coucher avec moi, tantôt, quand elle pleurait trop, se promener dans la chambre en la faisant sauter. De grand matin, il fallait se lever, aller au lavoir, puis au marché, ensuite rentrer à la maison. Les jours se suivaient et se ressemblaient. Tout n'est pas plaisir dans une pareille existence, mais on n'en goûte que mieux le repos et la nourriture.

(Ils passent.)

MARTHE.

Les pauvres femmes en souffrent, un célibataire est difficile à corriger.

MÉPHISTOPHÉLÈS.

Une femme comme vous me rendrait meilleur que je ne suis.

MARTHE.

Dites-moi la vérité, n'avez-vous encore rien trouvé ?

MÉPHISTOPHÉLÈS.

Le proverbe dit : *Une femme à soi et une bonne femme sont précieuses comme l'or et les perles.*

MARTHE.

Je vous demande si personne ne s'est intéressé à vous.

MÉPHISTOPHÉLÈS.

Partout on m'a reçu très poliment.

MARTHE.

Je voulais dire si vous n'aviez eu d'attache-
ment pour personne.

MÉPHISTOPHÉLÈS.

Il faut être très réservé avec les femmes.

MARTHE.

Vous ne me comprenez pas.

MÉPHISTOPHÉLÈS.

Je le regrette, pourtant je comprends que
vous avez bien de la bonté pour moi.

(Ils passent.)

FAUST.

Tu m'as donc reconnu quand je suis entré
dans le jardin ?

MARGUERITE.

Ne vous en êtes-vous pas aperçu ?

FAUST.

Et tu me pardonnes la liberté que je pris de
t'accoster au sortir de l'église ?

MARGUERITE.

J'en fus consternée : jamais cela ne m'était

arrivé, personne n'a jamais pu dire du mal de
moi. Ah ! pensai-je, aurait-il vu quelque chose
d'inconvenant dans ma démarche? Il a paru
m'aborder comme si je n'étais pas une honnête
fille. Je vous avoue que quelque chose en moi
me parlait à votre avantage. Pourtant je regret-
tai de ne pas vous avoir traité plus défavora-
blement encore.

FAUST.

Ma chère amie !

MARGUERITE.

Laissez-moi.
(Elle cueille une marguerite et en arrache les pétales l'une
après l'autre selon la coutume des jeunes filles.)

FAUST.

Qu'en veux-tu faire, un bouquet ?

MARGUERITE.

Non, ce n'est qu'un jeu.

FAUST.

Comment ?

MARGUERITE.

Allons ! vous vous moquerez de moi.

FAUST.

La réponse de cette fleur est un oracle certain.

MARTHE, *approchant*.

La nuit vient.

MÉPHISTOPHÉLÈS.

Oui, il faut que nous partions.

MARTHE.

Je vous engagerais bien à rester plus long-temps, mais on est si méchant dans notre pays ! Il semble que personne n'ait rien de mieux à faire que d'épier les démarches de ses voisins; de quelque façon qu'on se conduise, on est l'objet de tous les bavardages.

(Méphistophélès s'approche de Faust.)

FAUST.

Qui est là ?

MÉPHISTOPHÉLÈS.

Un ami.

FAUST.

Une bête.

MÉPHISTOPHÉLÈS,

Il est temps de se séparer.

MARTHE.

Oui, il est tard.

FAUST, *à Marguerite.*

Permettez-vous que je vous reconduise ?

MARGUERITE.

Non, ma mère pourrait... Adieu.

FAUST.

Puisqu'il faut que je parte, adieu.

MARTHE.

Bonsoir.

MARGUERITE.

Au revoir.

(Faust et Méphistophélès sortent.)

MARGUERITE.

Mon Dieu, cet homme sait tout. Je suis toute confuse devant lui, et je réponds *oui* à tout ce qu'il me dit. Je ne suis qu'une pauvre fille ignorante, et je ne comprends pas ce qu'il peut trouver en moi.

(Elle sort.)

Forêts et Cavernes.

FAUST, *seul*.

Esprit sublime ! Tu m'as accordé tout ce que
je t'ai demandé. Ce n'est pas en vain que tu
as tourné vers moi ton visage entouré de flammes ; tu m'as donné la magique nature pour
empire, tu m'as donné la force de la sentir et
d'en jouir. Ce n'est pas une froide admiration
que tu m'as permise, mais une intime connaissance, et tu m'as fait pénétrer dans le sein de
l'univers, comme dans celui d'un ami ; tu as
conduit devant moi la troupe variée des vivants, et tu m'as appris à connaître mes frères
dans les habitants des bois, des airs et des
eaux. Quand l'orage gronde dans la forêt,
quand il déracine et renverse les pins gigantesques dont la chute fait retentir la montagne,
tu me guides dans un sûr asyle, et tu me révè-
les les secrètes merveilles de mon propre cœur.
Lorsque la lune tranquille monte lentement
vers les cieux, les ombres argentées des temps
antiques planent à mes yeux sur les rochers,
dans les bois, et semblent m'adoucir le sévère
plaisir de la méditation.

Mais je le sens, hélas ! l'homme ne peut atteindre à rien de parfait ; à côté de ces délices

qui me rapprochent des dieux, il faut que je
supporte ce compagnon froid, indifférent, hau-
tain, qui m'humilie à mes propres yeux, et
d'un mot réduit au néant tous les dons que tu
m'as faits. Il allume dans mon sein un feu dé-
sordonné ; mais bientôt un vague ennui me
fait regretter le désir.

MÉPHISTOPHÉLÈS, *entrant.*

Quand renoncez-vous à une pareille vie ? Comment pouvez-vous vous plaire à une telle iner-
tie? Il est bon d'en essayer une fois, mais il
faut vite passer à l'action.

FAUST.

N'as-tu rien de mieux à faire que de venir
me troubler dans mes bons jours?

MÉPHISTOPHÉLÈS.

Je ne demande pas mieux que de vous laisser
en repos, mais est-ce sérieusement que vous
me parlez ainsi? J'aurais vraiment peu à perdre
à me séparer d'un compagnon pareil. Tout le
jour il faut être à ses ordres, et il daigne à
peine vous répondre.

FAUST.

A l'entendre, il voudrait que je lui disse
merci de ce qu'il m'ennuie.

MÉPHISTOPHÉLÈS.

Comment aurais-tu passé ta vie sans moi, pauvre fils de la terre? Je t'ai pourtant guéri pour longtemps des écarts de ton imagination, et, sans moi, tu serais bien loin de ce monde. Pourquoi es-tu venu ici te nicher comme un hibou dans les fentes des rochers? Quelle nourriture trouves-tu dans la mousse pourrie et les pierres humides? Plaisir de crapaud, passetemps aussi beau qu'agréable! On voit que tu n'as pas oublié ton rôle de docteur.

FAUST.

Si tu pouvais comprendre quelle nouvelle force me donne ce séjour dans le désert, tu serais assez diable pour me priver d'un tel bonheur.

MÉPHISTOPHÉLÈS.

C'est vraiment un plaisir au dessus de la nature. Coucher la nuit sur les rochers humides de rosée, embrasser par sa pensée le ciel et la terre, comme si l'on était un dieu, pénétrer en esprit dans les entrailles de la terre, étudier l'œuvre des six jours, s'élancer avec délices dans ce vaste univers, se dépouiller de tout ce qu'on a d'humain, et finir cette haute contemplation par... (*Il fait un geste rappelant une des infirmités de la nature.*) Je n'ose dire comment.

FAUST.

Fi donc !

MÉPHISTOPHÉLÈS.

En effet cela ne peut vous plaire, et vous avez raison de dire *fi*. On n'ose nommer par leur nom ces besoins auxquels sont sujets les êtres les plus purs. Bref, je vous souhaite bien du plaisir à vous donner à vous-même ce démenti de temps à autre. Il ne faut pas pourtant que cela dure trop longtemps : sans cela tu n'esquiverais pas la folie. Mais c'est assez ; ta bien-aimée est là-bas dans l'inquiétude ; il me semble qu'au lieu de régner dans les forêts, le grand homme devrait un peu se souvenir d'elle.

FAUST.

Serpent ! serpent !

MÉPHISTOPHÉLÈS, *à part.*

Ah ! tu te sens enlacer !

FAUST.

Infame ! laisse-moi, et ne nomme point cette fille. Cesse de tenter mon cœur à demi vaincu.

MÉPHISTOPHÉLÈS.

Qu'importe ? Elle te croit envolé, et tu l'es déjà à moitié.

FAUST.

Jamais je ne l'oublierai. Fuis, vil tentateur!

MÉPHISTOPHÉLÈS.

Bon! vous m'injuriez, mais j'en ris.

FAUST.

Je suis un fugitif, un exilé, un monstre sans but et sans repos, qui aspire à l'abîme. Mais elle, innocente, simple, elle eût été si facilement heureuse. Une humble cabane dans une vallée des Alpes, quelques occupations domestiques, auraient suffi pour satisfaire ses désirs bornés, et remplir sa douce vie; mais moi l'ennemi de Dieu, je n'ai pas eu de repos que je n'aie brisé son cœur, que je n'aie fait tomber en ruines sa pauvre destinée. Ainsi donc la paix doit lui être ravie pour toujours. Il faut qu'elle soit la victime de l'enfer. Hé bien! démon, abrége mon angoisse, fais arriver ce qui doit arriver. Que le sort de cette infortunée s'accomplisse et précipite-moi du moins avec elle dans l'abîme.

MÉPHISTOPHÉLÈS.

Comme tu t'enflammes, comme tu bouillonnes! Je ne sais comment te consoler, et sur mon honneur je me donnerais au diable, si je ne l'étais pas moi-même: mais penses-tu donc,

insensé, que parce que ta pauvre tête ne voit
plus d'issue, il n'y en ait plus véritablement ?
Vive celui qui sait tout supporter avec courage! Je t'ai déjà rendu pas mal semblable à moi,
et songe, je t'en prie, qu'il n'y a rien de plus
fastidieux dans ce monde qu'un diable qui se
désespère.

Le Jardin de Marthe.

MARGUERITE, FAUST.

MARGUERITE.

Henri, promets-moi...

FAUST.

Tout ce qui sera en mon pouvoir.

MARGUERITE.

Dis-moi donc, quelle est ta religion ? Tu as
un cœur excellent, mais je crois que tu n'as
guère de piété.

FAUST.

Mon enfant, tu le sais, je t'aime. Je donnerais
pour toi mon sang et ma vie; je ne voudrais

troubler la foi de personne. N'est-ce pas là tout ce que tu peux désirer.

MARGUERITE.

Non ; il faut croire.

FAUST.

Le faut-il ?

MARGUERITE.

Ah ! si je pouvais quelque chose sur toi ! tu ne respectes pas assez les saints sacrements.

FAUST.

Je les respecte.

MARGUERITE.

Mais sans en approcher ; depuis longtemps, tu ne t'es point confessé ; tu n'as point été à la messe ; crois-tu en Dieu ?

FAUST.

Ma chère amie, qui ose dire : Je crois en Dieu ?

MARGUERITE.

Ainsi donc, tu ne crois rien.

FAUST.

N'interprète pas en mal ce que je dis, charmante

créature : qui peut nommer la divinité et dire
je la conçois? qui peut être sensible et ne pas y
croire ? Le soutien de cet univers n'embrasse-
t-il pas toi, moi, la nature entière ? Le ciel ne
s'abaisse-t-il pas en pavillon sur nos têtes ? La
terre n'est-elle pas inébranlable sous nos pieds,
et les étoiles éternelles du haut de leur sphère
ne nous regardent-elles pas avec amour? Tes
yeux ne se réfléchissent-ils pas dans mes yeux
attendris? Un mystère éternel, invisible et visible n'attire-t-il pas mon cœur vers le tien ?

MARGUERITE.

Ce sont de belles choses; il me semble, à
quelques mots près, que c'est ce qu'on nous
prêche.

FAUST.

Tous les cœurs, sous le soleil, le répètent
dans leur langage, pourquoi ne le dirais-je pas
dans le mien ?

MARGUERITE.

S'il faut l'entendre ainsi, cela semble raison-
nable ; mais j'y vois encore quelque chose de
louche, car tu n'es pas chrétien.

FAUST.

Chère enfant !

MARGUERITE.

Depuis longtemps j'ai horreur de te voir dans une compagnie...

FAUST.

Comment ?

MARGUERITE.

Celui que tu as avec toi... Je le hais du plus profond de mon cœur. Jamais de ma vie rien ne m'a rebuté comme le visage de cet homme, mon cœur en est blessé.

FAUST.

Ne crains rien, chère amie.

MARGUERITE.

Sa présence bouleverse mon sang. Un visage humain ne me fait pas de mauvaise impression : j'aime à te regarder, mais lui, j'ai de l'horreur à le voir : je le tiens pour un vrai coquin... Dieu me pardonne, si je lui fais injure.

FAUST.

Il y a des gens de cette espèce.

MARGUERITE.

Je ne voudrais pas passer ma vie avec son pareil. Quand il va entrer, il regarde d'un air

demi railleur, demi irrité. On voit que rien ne
l'intéresse : il porte écrit sur son front qu'il ne
peut aimer une âme au monde. Quand je suis
seule à ton bras, je suis à l'aise... Eh ! bien dès
qu'il paraît, sa présence me met à la gêne.

FAUST, *à part.*

Pressentiment de cet ange !

MARGUERITE.

Je suis si oppressée par sa présence, qu'il me
semble alors que je ne t'aime plus. Quand il
est là, il m'est impossible de prier ; cela me
déchire le cœur. Cela doit te faire le même
effet, Henri !

FAUST.

Tu as des antipathies ?

MARGUERITE.

Il faut que je me retire.

FAUST.

Si tu me recevais chez toi.

MARGUERITE.

Ma mère n'a pas le sommeil profond, et si
elle nous surprenait, je tomberais morte à
l'instant.

FAUST.

Tu n'as pas cela à craindre ; tiens, voici un petit flacon : deux gouttes versées dans sa boisson l'endormiront d'un profond sommeil.

MARGUERITE.

Cela ne peut pas lui faire du mal, bien sûr ?

FAUST.

Est-ce que je te le conseillerais sans cela ?

MARGUERITE.

Je ne sais ce qui m'oblige à ne rien te refuser.

(Elle sort.)

MÉPHISTOPHÉLÈS, *entre.*

La brebis est-elle partie ?

FAUST.

Tu as encore espionné.

MÉPHISTOPHÉLÈS.

J'ai tout entendu. On a fait le catéchisme à monsieur le docteur. J'espère que cela lui profitera. Les jeunes filles sont très intéressées à ce qu'on soit pieux. S'il se plie au joug de la religion, pensent-elles, il n'aura pas de peine à se courber sous le nôtre.

FAUST.

Le monstre ne peut comprendre comment cette âme fidèle et aimante, pleine de la foi qui fait son bonheur, se tourmente pieusement de la crainte de voir se perdre celui qu'elle aime.

MÉPHISTOPHÉLÈS.

Homme sensible! Une fille te conduit par le nez.

FAUST.

Être vil, formé d'un mélange de bouc et de feu !

MÉPHISTOPHÉLÈS.

Elle comprend les physionomies en maître ; elle sent ma présence, elle ne sait comment ; sous mon masque, elle devine un esprit caché ; elle voit sous mon enveloppe un génie, peut-être le diable lui-même.

Au Lavoir.

MARGUERITE *et* LISETTE, *portant des cruches.*

LISETTE.

N'as tu pas entendu parler de la petite Barbe ?

MARGUERITE.

Pas un mot ; je ne sors presque pas.

LISETTE.

C'est Sybille qui me l'a dit. Les voilà toutes ces filles à manières distinguées !

MARGUERITE.

Comment ?

LISETTE.

Elle a fini par se perdre.

MARGUERITE.

Ah !

LISETTE.

Pouvait-elle finir autrement en écoutant ce vaurien ! On la voyait toujours avec lui, à la

promenade, à la danse ; elle acceptait ses
présents sans rougir...

MARGUERITE.

La pauvre créature !

LISETTE.

Plains-la bien. Quand nous restions à filer
avec nos mères qui nous empêchaient de des-
cendre, elle s'asseyait avec lui sur le banc de
la porte, et cela pendant de longues heures.
Maintenant elle peut faire pénitence.

MARGUERITE.

Mais il l'épousera sans doute ?

LISETTE.

Il serait bien bête : il a déjà pris sa volée.

MARGUERITE.

C'est mal.

LISETTE.

Quand il l'épouserait, les garçons lui arrache-
raient sa couronne, et nous répandrions de la
paille hachée devant sa porte.

MARGUERITE, *retournant seule à la maison.*

Comment pouvais-je condamner si sévère-
ment les fautes des autres ? Je ne trouvais pas

pour cela des termes assez forts. J'exagérais
encore leurs torts. Ce n'était jamais assez noir,
et je faisais de grands signes de croix à cette
pensée. Et maintenant je suis le péché même !
Tout m'a entraîné à ma perte.

Les Remparts.

*On voit dans une niche l'image de N.-D. des Sept
Douleurs ; des pots de fleurs sont au devant.*

MARGUERITE.

O Mère des douleurs, vous qui tenez votre
fils mort étendu sur vos genoux, jetez un regard de compassion sur moi. Vous seule pouvez comprendre le noir chagrin qui déchire
mon cœur, vous seule savez tout ce que je
crains et tout ce que je désire. Ma douleur me
suit partout. Dès que je suis seule, je pleure, je
pleure sans cesse. Ces deux vases de fleurs que
je viens d'apporter à vos pieds, toute la nuit je
les ai arrosés de mes larmes. Dès que le jour a
paru, je suis venue vous confier la peine qui me
dévore, et vous conjurer de prendre pitié de
mon malheur.

La Nuit.

*Une rue sur laquelle ouvre la porte de la maison
de Marguerite.*

VALENTIN, *soldat, frère de Marguerite.*

Lorsque j'étais en train de boire et de me
régaler avec mes camarades, chacun, les coudes
sur la table, vantait devant moi les qualités
des filles de leur pays ; ils vidaient de grands
verres à leur santé; tandis que moi, tranquillement assis, j'écoutais leurs fanfaronnades en
riant dans ma barbe et je prenais à la main
mon verre plein : « Chacun son goût, disais-je,
mais en est-il une dans le pays qui vaille ma
chère petite Marguerite, qui soit digne de verser à boire à ma sœur ? » Et nous trinquions à
sa santé; tous ceux qui la connaissaient me
donnaient raison, ils la proclamaient l'ornement
de la contrée; les vantards restaient muets.
Mais maintenant!... Je m'arracherais les cheveux ! je me donnerais de la tête contre les
murs! Le dernier coquin peut m'accabler de
grossières plaisanteries ; il faut que je les avale
comme si j'étais coupable. Chaque parole dite
sans intention me fait monter la sueur au front !
Quand je les sabrerais tous, je n'ai pas le droit

de les appeler menteurs ? — Qui vient par là?
Qui se glisse le long du mur ? Ce sont eux, je
ne me trompe pas. Si c'est lui, je le punirai
comme il le mérite, je ne le laisserai pas vivre
longtemps.

FAUST, MÉPHISTOPHÉLÈS.

FAUST.

La lumière de la lampe qui brûle perpétuel-
lement dans le sanctuaire s'aperçoit par la fenêtre de la sacristie ; sa flamme vacille et pâlit,
elle s'affaiblit de plus en plus et perce à peine
les ténèbres : c'est ainsi que la nuit se fait dans
mon cœur.

MÉPHISTOPHÉLÈS.

Et moi je me sens aussi éveillé que ce jeune
chat qui se glisse le long de cette échelle et
se frotte contre le mur ; c'est un honnête ma-
tou, quoiqu'un peu enclin au vol. Après demain revient la nuit du sabbat ; cette idée donne
une nouvelle vigueur à tous mes membres.

FAUST.

Verrai-je bientôt briller dans le ciel ce trésor
que j'ai vu briller ici-bas ?

MÉPHISTOPHÉLÈS.

Tu auras bientôt le plaisir d'enlever la cassette ; je l'ai lorgnée tout récemment, elle contient de beaux écus neufs.

FAUST.

N'y a-t-il pas un bijou, pas une bague pour Marguerite ?

MÉPHISTOPHÉLÈS.

J'y ai entrevu quelque chose comme un collier de perles.

FAUST.

Tant mieux, je serais fâché de me présenter à elle sans un présent à lui offrir.

MÉPHISTOPHÉLÈS.

Maintenant que la nuit est venue, et que toutes les étoiles se font voir, je vais vous faire entendre un vrai chef-d'œuvre, une chanson morale qui doit la subjuguer.

(Il chante en s'accompagnant de la guitare.)

VALENTIN, *s'avançant.*

Qui veux-tu tromper, maudit preneur de rats ? Au diable l'instrument, et au diable le chanteur.

MÉPHISTOPHÉLÈS.

La guitare est en cancelle, elle ne peut plus servir.   8

VALENTIN.

C'est maintenant qu'il faut se couper la gorge.

MÉPHISTOPHÉLÈS, *à Faust.*

Docteur, ne faiblissez pas ! alerte ! Serrez-
vous contre moi, que je vous guide. Flamberge
au vent ! Poussez, vous ; moi, je pare.

VALENTIN.

Pare donc cette botte.

MÉPHISTOPHÉLÈS.

Pourquoi pas ?

VALENTIN.

Et celle-ci ?

MÉPHISTOPHÉLÈS.

Certainement.

VALENTIN.

Je crois que j'ai affaire au diable en personne ! Qu'est-ce que cela ? Je sens ma main qui
se paralyse.

MÉPHISTOPHÉLÈS, *à Faust.*

Poussez.

VALENTIN, *tombant.*

Mon Dieu !

MÉPHISTOPHÉLÈS.

Voilà mon rustre apprivoisé. Maintenant détalons ! éclipsons-nous au plus vite, car j'entends déjà crier *au meurtre !* Je ne m'inquiète pas beaucoup de la police, mais avec la justice criminelle, c'est une autre affaire, je ne suis pas bien dans ses papiers.

MARTHE, *à la fenêtre.*

Au secours ! au secours !

MARGUERITE, *à sa fenêtre.*

Ici, de la lumière !

MARTHE, *criant plus fort.*

On se querelle, on s'injurie, on se bat

LE PEUPLE.

Il y en a déjà un de mort.

MARTHE, *descendue dans la rue.*

Les meurtriers se sont donc enfuis ?

MARGUERITE, *sortant de sa maison.*

Quel est celui qui est tombé ?

LE PEUPLE.

C'est le fils de ta mère.

MARGUERITE.

Grand Dieu ! quel malheur !

VALENTIN.

Je meurs ! c'est vite dit, et c'est encore plus
vite fait. Femmes, pas tant de cris ! Approchez-
vous et écoutez-moi. (*On l'entoure.*) Vois-tu, ma
petite Marguerite, tu es bien jeune, et tu te con
duis mal, je te le dis en confidence.

MARGUERITE.

Ah ! mon frère, ô mon Dieu, que me dis-tu là !

VALENTIN.

Ne te joue pas avec le saint nom de Dieu. Ce
qui est fait est fait, et aura ses conséquences.
Lorsque la honte vit le jour, on l'apporta en
secret dans ce monde, la tête bien enveloppée
dans les voiles secrets de la nuit ; volontiers on
l'eût étouffée ; mais elle grandit, et elle se mon-
tra au grand jour, dans toute sa nudité sans
en être plus belle. Plus son visage était dégoû-
tant, plus on aurait dit qu'elle cherchait la lumière. Je vois venir le temps où l'on s'éloignera
de toi comme d'un cadavre infect. Tu n'oseras
plus lever les yeux, tu ne porteras plus de chaîne d'or, tu ne paraîtras plus à l'église, et tu ne
t'avanceras plus de l'autel. On ne te verra plus
dans une salle de bal, l'hôpital sera ton dernier refuge... Et quand Dieu te pardonnerait,
tu n'en serais pas moins maudite sur la terre.

MARTHE.

Recommandez votre âme à Dieu, et n'ajoutez pas de nouveaux péchés à vos anciens.

VALENTIN.

Si je pouvais te punir comme tu le mérites, abominable femme, je ferais une bonne œuvre qui rachèterait tous mes péchés.

MARGUERITE.

Mon frère ! j'ai l'enfer dans mon cœur !

VALENTIN.

Laisse-là les larmes, te dis-je : quand tu t'es séparée de l'honneur, tu as porté à mon cœur le coup le plus terrible. Maintenant je vais m'endormir du sommeil de la mort, et j'espère m'éveiller dans le sein de Dieu comme un brave soldat.

(Il meurt.)

8.

L'Église.

Messe des morts, avec chant et orgue.

MARGUERITE, *dans la foule,* LE MAUVAIS ES-
PRIT, *derrière elle.*

LE MAUVAIS ESPRIT, *à voix basse.*

Te souviens-tu, Marguerite, de ce temps où
tu venais ici te prosterner devant l'autel ? tu
étais alors pleine d'innocence, tu balbutiais ti-
midement les psaumes, et Dieu régnait dans
ton cœur. Marguerite, qu'as-tu fait ? Que de
crimes tu as commis ! Viens-tu prier pour l'ame
de ta mère, dont la mort pèse sur ta tête ? Sur
le seuil de ta porte vois-tu quel est ce sang ?
c'est celui de ton frère.

MARGUERITE.

Malheur ! malheur ! comment échapper aux
pensées qui naissent dans mon âme et se soulèvent contre moi ?

LE CHŒUR, *chante dans l'église.*

Dies iræ, dies illa,
Solvet sæclum in favilla *.

* Il viendra le jour de la colère, et le siècle sera
réduit en cendre.

LE MAUVAIS ESPRIT.

Le courroux céleste te menace, Marguerite.
les trompettes de la résurrection retentissent :
les tombeaux s'ébranlent, et ton cœur va se ré-
veiller pour sentir les flammes éternelles.

MARGUERITE.

Ah ! si je pouvais m'éloigner d'ici ? les sons
de cet orgue m'empêchent de respirer, et les
chants des prêtres font pénétrer dans mon âme
une émotion qui la déchire.

LE CHOEUR.

Judex ergo cum sedebit,
Quidquid latet apparebit ;
Nil inultum remanebit .*

MARGUERITE.

On dirait que ces murs se rapprochent pour
m'étouffer; la voûte du temple m'oppresse : de
l'air ! de l'air !

LE MAUVAIS ESPRIT.

Cache-toi ; le crime et la honte te poursuivent.
Tu demandes de l'air et de la lumière, misérable ! qu'en espères-tu ?

* Quand le Juge Suprême paraîtra, il découvrira
tout ce qui est caché, et rien ne pourra rester impuni.

LE CHOEUR.

Quid sum miser tunc dicturus ?
Quem patronum rogaturus ?
Cum vix justus sit securus ? '

LE MAUVAIS ESPRIT.

Les Saints détournent leur visage de ta présence ; ils rougiraient de tendre leurs mains
pures vers toi.

LE CHOEUR.

Quid sum miser tunc dicturus **.

MARGUERITE.

Voisine, prêtez-moi votre flacon.

(Elle s'évanouit.)

* Malheureux ! que dirai-je alors ? A quel protecteur m'adresserai-je, lorsqu'à peine le juste peut se
croire sauvé !

** Malheureux ! que dirai-je alors ?

La Nuit du Sabbat.

Vallée de Schirk et désert dans la montagne du Harz.

MÉPHISTOPHÉLÈS.

N'aurais-tu pas besoin d'un manche à balai ? Quant à moi je voudrais pour monture un bouc au pied bien solide : nous sommes encore loin du but de notre course.

FAUST.

Ce bâton noueux me suffira, tant que mes jambes pourront me porter. A quoi bon raccourcir le chemin ? Je prends plaisir à suivre le labyrinthe des vallées, et à gravir ce rocher du haut duquel tombe cette cascade. Déjà le printemps fait sentir son influence aux bouleaux et aux pins ; ne doit-il pas aussi agir sur nos membres ?

MÉPHISTOPHÉLÈS.

Je ne sens pas du tout les effets du printemps, j'ai l'hiver dans le corps, et la neige et la gelée n'ont rien qui me déplaise. La lune se lève tard ; son disque rougeâtre et mal arrondi projette une lumière terne et mélancolique ; elle éclaire

si peu qu'on donne à chaque pas contre un
arbre ou contre un rocher. Laisse-moi appeler
à notre aide un feu follet : j'en vois un là-bas
qui éclaire tout drôlement. — Ho ! hé ! l'ami !
permets que je t'appelle à nous : à quoi bon
flamber ainsi sans être utile à personne. Aie
la complaisance de nous éclairer jusque là-
haut.

LE FEU FOLLET.

Par politesse, je m'efforcerai d'aller droit, car
notre marche naturelle est d'aller en zig-zag.

MÉPHISTOPHÉLÈS.

Il veut, je crois singer les hommes. Marche
droit, au nom du diable, ou je soufflerai sur ta
faible étincelle de vie.

LE FEU FOLLET.

Je vois que vous êtes le maître ici, et je me
soumets à votre autorité. Mais la montagne est
aujourd'hui le théâtre des enchantements, et un
feu follet n'est pas un guide bien sûr.

MÉPHISTOPHÉLÈS.

Nous sommes dans le pays des chimères, fais
nous voyager sans encombre à travers ces
rocs entassés.

FAUST.

L'ouragan ébranle les rochers et fait entre-choquer les plus grands arbres. Entends-tu ses hurlements? Et ce torrent furieux qui se précipite du haut de la montagne dans ce noir précipi-ce: quel fracas font ces eaux écumantes !

LE FEU FOLLET.

Entendez les cris plaintifs des chats-huants. Ils ne sont pas seuls dans ces sombres forêts. Voyez ces salamandres gigantesques dont le corps jette des reflets lumineux, pendant qu'el-les se glissent comme des serpents entre les racines des arbres, et ces essaims de lucioles, semblables à des milliers d'étincelles, qui éclai-rent le sentier.

MÉPHISTOPHÉLÈS.

Avançons-nous, ou restons-nous en chemin? Les branchages des arbustes nous égratignent le visage. Je crois que le feu follet nous égare. (A Faust.) Tiens-toi ferme à ma queue. Nous voici à un sommet voisin du plus haut pic de Harz; vois comme Mammon éclaire la montagne.

FAUST.

La vallée est éclairée comme par un crépus-cule indécis dans toute sa profondeur. Il s'en

élève comme une vapeur, un nuage, un brouil-
lard qu'une flamme illumine par intervalles,
tantôt ce sont les zig-zags d'un éclair, tantôt
une cascade de feu. La flamme ruisselle entre
les roches et va se réunir en un seul courant.
Près de nous jaillissent des étincelles pareilles
à une poussière d'or. Tiens, regarde ; le mur
du rocher à pic s'enflamme.

MÉPHISTOPHÉLÈS.

C'est le seigneur Mammon qui illumine splen-
didement son palais pour la fête de cette nuit.
Quel bonheur pour toi de jouir de ce spectacle ! J'entends arriver les bruyants convives.

FAUST.

Que l'air est agité ! Quels coups de vent frap-
pent mes épaules.

MÉPHISTOPHÉLÈS.

Accroche-toi aux pointes des rochers, si tu ne
veux pas être précipité dans l'abîme. Un nuage
rend la nuit encore plus obscure. Entends crier
les arbres de la forêt. Les hiboux épouvantés
s'enfuient. Entends-tu les colonnes de ces palais de verdure qui sont fracassées, les branches qui se tordent et se brisent, sous les efforts
du vent ? Quel murmure et quel ébranlement
jusque dans les racines. Entends les craque-

ments et le lourd retentissement des arbres dé-
racinés, entends les sifflements et les hurlements
de la tempête qui s'engouffre dans les cavernes.
Ecoute dans l'air les chants magiques des sorcières qui passent au-dessus et autour de nous.
Quelles voix discordantes !

SORCIÈRES, *en chœur.*

Gravissons le rocher, la route est longue et
l'assemblée nombreuse. Maint manche à balai
se brise. Avançons, montons, nous arrivons !

MÉPHISTOPHÉLÈS.

Comme tout cela se serre, se pousse, saute,
barbotte, siffle, glapit, frétille, étincelle, pue
et brûle ! Quel fouillis de sorcières. — Allons,
ferme, à moi ! ou nous serons bientôt séparés. Où es-tu ?

FAUST, *dans l'éloignement.*

Ici !

MÉPHISTOPHÉLÈS.

Quoi ! tu as été emporté si loin ? Il faut que
j'use de mon droit de maître du logis. Place !
Place à M. Volant qui arrive. Place, bon peuple, place ! Ici, docteur, attache-toi à moi, et
fendons la presse. C'est un tumulte trop étour-
dissant même pour mes pareils. Mais je vois

9

briller là-bas vers ce buisson quelque chose qui m'attire par son éclat singulier, viens ! viens !

FAUST.

Esprit de contradiction, je me laisse conduire ; nous sommes venus au Brocken pour prendre part au sabbat, et pourtant il y a du plaisir à s'isoler.

MÉPHISTOPHÉLÈS.

Vois ces flammes bigarrées, c'est un club joyeux assemblé. On n'est pas seul avec ces petits êtres.

FAUST.

J'aimerais bien à être au milieu de ces tourbillons de flamme et de fumée à travers lesquels la multitude roule vers l'esprit du mal. Il doit s'y dévoiler mainte énigme.

MÉPHISTOPHÉLÈS.

Mainte énigme s'y forme aussi. Laisse bourdonner encore la foule, et reposons-nous dans le silence. Mais quel charivari ! nous ne pouvons être tranquilles. Viens donc que je t'introduise dans le cercle où brûlent une centaine de feux ; on danse, on babille, on boit, et l'on cuit. Trouves-tu quelque chose de mieux ?

FAUST.

Est-ce comme magicien, ou comme diable
que tu m'introduiras ?

MÉPHISTOPHÉLÈS.

J'ai l'habitude de l'incognito, mais un jour
de gala il faut montrer ses cordons. Je n'ai
pas l'ordre de la jarretière, mais le pied fourchu est ici fort honoré. Vois-tu cet escargot, il
arrive en rampant et en tâtant avec ses cornes,
il m'aura reconnu. D'ailleurs, à quoi bon me
déguiser ici. Viens donc, allons de feux en feux.

UNE SORCIÈRE, *revendeuse.*

Messieurs, n'allez pas si vite. Ne laissez pas
échapper l'occasion de faire une emplette. Voyez
mes marchandises, il y en a de bien des sortes.
Tout ce que j'ai a son pareil sur la terre, et je
n'ai pas un objet qui n'ai fait beaucoup de
mal aux hommes ou au monde. Ici, pas un
poignard qui n'ait fait couler le sang, pas une
coupe qui n'ait versé du poison dans un corps,
pas une parure qui n'ait séduit une femme, pas
une épée qui n'ait frappé un ennemi par derrière.

MÉPHISTOPHÉLÈS.

Ma mie, tout cela n'est plus de notre temps.
Tes moyens de faire le mal sont surannés : il

nous en faut de nouveaux. Il n'y a que la nouveauté qui a du succès.

FAUST.

Je prendrais tout ceci pour une foire.

MÉPHISTOPHÉLÈS.

Tout le tourbillon s'élance là-haut ; tu crois pousser, et tu es poussé et entraîné.

(La danse du Sabbat commence, et Faust y prend part.)

Pourquoi as-tu donc laissé partir cette jeune fille qui dansait et chantait si agréablement.

FAUST.

Pendant qu'elle chantait une souris rouge s'est élancée de sa bouche.

MÉPHISTOPHÉLÈS.

C'était tout naturel ; il ne faut pas faire attention à ça, pourvu que la souris ne soit pas grise.

FAUST.

Que vois-je là ?

MÉPHISTOPHÉLÈS.

Quoi !

FAUST.

Ne vois-tu pas là-bas une jeune fille belle et

pâle, qui se tient seule dans l'éloignement ? Elle
s'avance lentement, ses pieds semblent attachés
l'un à l'autre; ne trouves-tu pas qu'elle ressemble à Marguerite ?

MÉPHISTOPHÉLÈS.

C'est un effet de la magie, rien qu'une illusion. Il n'est pas bon d'y arrêter tes regards.
Ces yeux fixes glacent le sang des hommes.
C'est ainsi que la tête de Méduse changeait jadis en pierre ceux qui la considéraient.

FAUST.

Il est vrai que cette image a les yeux ouverts
comme un mort à qui la main d'un ami ne
les aurait pas fermés.

MÉPHISTOPHÉLÈS.

Insensé! Tout cela n'est que de la sorcellerie;
chacun dans ce fantôme croit voir sa bien-aimée.

FAUST.

Quel délire! quelle souffrance! Je ne peux
m'éloigner de ce regard; mais autour de ce
beau cou, que signifie ce collier rouge, large
comme le tranchant d'un couteau?

MÉPHISTOPHÉLÈS.

C'est vrai : mais qu'y veux-tu faire? Ne t'a-

bîme pas dans tes rêveries ; viens sur cette montagne, on t'y prépare une fête. Viens.

Un Champ.

Le jour est sombre.

FAUST, MÉPHISTOPHÉLÈS.

FAUST.

La voilà au comble du malheur et du désespoir ! Une malheureuse passion l'a perdue, et
la voilà maintenant prisonnière ! Cette créature
si douce et si infortunée est réservée à d'affreu-
ses tortures dans le sombre cachot où on l'a
jetée. C'est à ce terme fatal que tes suggestions
ont abouti ! jusque-là ! ô imposteur, ô esprit
infernal !... Et tu me le cachais ! Reste, maintenant, reste ! Roule tes yeux en fureur dans ta
tête diabolique ! Brave-moi par ton insoutena-
ble présence !... Elle est en prison ! son malheur
est irréparable ! Elle est abandonnée aux mauvais esprits et à la justice inflexible des hommes !... Et pendant qu'elle souffre ainsi, tu
m'entraînes à de dégoûtantes fêtes, tu me caches

ses angoisses toujours croissantes. et tu l'aban-
donnes sans secours à la mort qui l'attend !

MÉPHISTOPHÉLÈS.

Elle n'est pas la première.

FAUST.

Chien ! monstre exécrable ! — Esprit infini,
que j'ai invoqué, métamorphose-le encore, qu'il
reprenne sa première forme de chien, sous
laquelle il m'apparut la nuit pour la première
fois, lorsqu'il venait se rouler auprès de moi, et
se jeter ensuite sur mes épaules. Rends-lui la
figure qu'il aime, qu'il rampe devant moi le
ventre dans le sable, et que je le foule aux
pieds, le maudit ! — Ce n'est pas la première ! —
Horreur, horreur au-dessus de tout ce qu'une
âme humaine peut comprendre ! Il y a eu
plus d'une créature précipitée dans un tel abîme de douleurs ! plus d'une ! La souffrance de
cette seule créature suffit pour dessécher la
moëlle de mes os, et dévorer tout ce que j'ai de
vie ; et toi, tu souris ironiquement à la pensée
qu'elle n'a que le sort qu'ont eu de milliers
d'autres !

MÉPHISTOPHÉLÈS.

C'est que nos pensées qui naissent dans les
limites inférieures de notre esprit dépassent de

beaucoup les pensées les plus hautes de l'esprit
humain. Pourquoi es-tu venu dans notre compagnie, si tu n'es pas de force à marcher avec
nous ? Tu veux voler, et tu crains le vertige !
Est-ce nous qui t'avons appelé ? N'est-ce pas toi
au contraire qui nous as évoqués ?

FAUST.

Ne grince pas si près de moi tes dents féro-
ces ? Tu me dégoûtes. — Esprit sublime, qui
m'as jugé digne de te contempler, pourquoi
m'avoir accouplé à ce compagnon d'opprobre,
qui se nourrit de meurtres et se délecte dans
la destruction ?

MÉPHISTOPHÉLÈS.

As-tu fini ?

FAUST.

Sauve-la... où malheur à toi ! Que la plus horrible malédiction pèse sur toi pendant des milliers d'années !

MÉPHISTOPHÉLÈS.

Mon pouvoir ne va pas jusqu'à détacher les
chaînes de la justice, il ne m'est pas permis
d'ouvrir ses verroux. — Sauve-la ! — Qui donc
l'a entraînée à sa perte, est-ce moi ou toi ?
(*Faust lance autour de lui des regards pleins de*

fureur.) On dirait que tu cherches le tonnerre.
C'est fort heureux qu'on ne l'ait pas confié à
de simples mortels. Sans cela, les tyrans s'en
serviraient souvent pour foudroyer l'innocent
qui leur résiste.

FAUST.

Conduis-moi où elle est ! Il faut qu'elle soit
libre !

MÉPHISTOPHÉLÈS.

Songes-tu au péril auquel tu t'exposes? Le
sang que ta main a répandu fume encore dans
cette ville. Des esprits vengeurs planent sur
la demeure de la victime, pour y guetter le
retour du meurtrier.

FAUST.

Et c'est toi qui m'annonces ce danger ! Ruine,
mort, désolation sur toi, monstre ! Conduis-moi,
te dis-je, je veux que tu la délivres.

MÉPHISTOPHÉLÈS.

Je vais t'y conduire, mais connais bien jusqu'où va ce que je puis faire pour toi. Je n'ai
pas tout pouvoir sur le ciel et sur la terre. Je
troublerai l'esprit du geolier, et je te mettrai
en possession de sa clef. Après cela, il n'y a
qu'une main humaine qui puisse la délivrer.

9.

Je tiendrai prêts des chevaux enchantés, et je
vous enlèverai. Voilà tout ce que je puis.

FAUST.

Allons, partons !

———————

La Nuit en rase Campagne.

FAUST, MÉPHISTOPHÉLÈS, *passent au galop
montés sur des chevaux noirs.*

FAUST.

Qui sont ces hommes que je vois se remuer
autour du lieu du supplice ?

MÉPHISTOPHÉLÈS.

Je ne sais ni ce qu'ils cuisent, ni ce qu'ils font ?

FAUST.

Ils vont et viennent, se lèvent et se baissent.

MÉPHISTOPHÉLÈS.

C'est une réunion de sorciers.

FAUST.

Ils font un sacrifice magique.

MÉPHISTOPHÉLÈS.

Passons, passons.

Un Cachot.

FAUST, *tenant une lampe et un paquet de clefs,*
est en dehors de la porte de fer du cachot.

Un frisson inaccoutumé parcourt tout mon
corps. Je sens toutes les misères de l'humanité.
Voilà les murs humides où elle est enfermée...
Son crime est la conséquence d'une première
faute. — Faust, tu trembles de t'approcher ! Tu
crains de la revoir ! entre donc ! ton hésitation
va hâter son supplice.

> (Il tourne la clef. On entend la voix de Marguerite qui
> chante une chanson vulgaire.)

FAUST, *ouvrant la porte.*

Elle ne se doute pas que je l'écoute, que
j'entends le cliquetis de ses chaînes et le frois-
sement de sa paille.

> (Il entre.)

MARGUERITE, *se soulevant de son lit de paille.*

Ils viennent ! ils viennent ! Oh ! que la mort
est amère !

FAUST, *bas.*

Doucement, doucement, je vais te délivrer.
(Il s'approche d'elle pour briser ses fers.)

MARGUERITE.

Si tu es un homme, mon désespoir te touchera.

FAUST.

Plus bas, plus bas, tu éveilleras la garde par tes cris.

MARGUERITE, *se jette à genoux.*

Qui t'a donné, barbare, cette puissance sur moi ? Il n'est que minuit : pourquoi viens-tu déjà me chercher ? Aie pitié de mes larmes, laisse-moi vivre encore : demain matin, n'est-ce pas assez tôt ? (*Marguerite se relève.*) Je suis pourtant si jeune, si jeune; et dois-je mourir ? J'étais belle aussi : c'est ce qui a fait ma perte. Mon ami était alors près de moi : il est maintenant bien loin. Les fleurs de ma guirlande sont dispersées. Ne me prends pas la main avec tant de violence. Ménage-moi. Ne me laisse pas pleurer en vain. Jamais, jusqu'à ce jour, je ne t'ai vu.

FAUST.

Comment supporter sa douleur !

MARGUERITE.

Je suis tout à fait en ton pouvoir. Seulement laisse-moi allaiter mon enfant; je l'ai pressé sur mon cœur toute la nuit. Ils me l'ont ôté pour m'affliger. N'ont-ils pas prétendu que je l'avais tué? Jamais je ne redeviendrai ce que j'étais. N'ont-ils pas chanté des chansons contre moi, ces méchants! que voulaient-ils donc dire?

FAUST, *se jette à ses pieds.*

Ton ami est à tes pieds; il vient ouvrir les portes de cette horrible prison.

MARGUERITE.

Oui, mettons-nous à genoux : appelons les saints à notre secours. Les cris de l'enfer se font entendre, et les mauvais génies nous attendent sur le seuil de mon cachot.

FAUST.

Marguerite ! Marguerite !

MARGUERITE, *attentive.*

C'était la voix de mon ami. (*Elle se précipite vers Faust, et ses fers tombent.*) Où est-il? Je l'ai entendu m'appeler. Je suis libre. Personne ne pourra plus me retenir en prison. Il appelle

Marguerite : il est là, devant la porte. Au milieu des hurlements de l'impitoyable mort, j'entends la douce et touchante harmonie de sa voix !

FAUST.

Oui, c'est moi, Marguerite !

MARGUERITE.

C'est toi : dis-le encore une fois. C'est lui! c'est lui !

Qu'est devenue l'angoisse des fers et de l'échafaud ? C'est toi ! Je suis sauvée ! J'aperçois devant moi la route où je te vis pour la première fois, le jardin si riant où Marthe et moi nous t'attendions.

FAUST.

Viens, viens.

MARGUERITE.

Il m'est si doux de rester quand tu demeures ! Ah ! ne t'éloigne pas !

FAUST.

Hâte-toi, nous paierions bien cher le moindre retard.

MARGUERITE.

Est-tu bien Faust? es-tu bien toi ?

FAUST.

Oui, sans doute ; oui, viens.

MARGUERITE.

Tu me délivres de mes chaînes. D'où vient
que tu n'as pas horreur de Marguerite ? Sais-tu
bien, mon ami, sais-tu bien qui tu délivres ?

FAUST.

Viens, viens ; déjà la nuit est moins profonde.

MARGUERITE.

Ma mère ! c'est moi qui l'ai tuée ! Mon enfant ! c'est moi qui l'ai noyé ! N'appartenait-il
pas à toi comme à moi ? Est-il donc vrai, Faust,
que je te vois ? N'est-ce pas un rêve ? Donne-moi
ta main. Oh ! ciel ! elle est humide. Essuie-la.
Je crois qu'il y a du sang ! Cache-moi   ton
épée, où est mon frère ? je t'en prie, cache-
la moi !

FAUST.

Laisse donc dans l'oubli l'irréparable passé ;
tu me fais mourir.

MARGUERITE.

Non, il faut que tu restes. Je veux te décrire
les tombeaux que tu feras préparer dès demain,

Il faut donner la meilleure place à ma mère ;
mon frère doit être près d'elle. Moi, tu me
mettras un peu plus loin ; mais cependant pas
trop loin, et mon enfant à droite sur mon sein :
mais personne ne doit reposer à mes côtés.
J'aurais voulu que tu fusses près de moi ; mais
c'était un bonheur doux et pur, il ne m'appartient plus. Je me sens entraînée vers toi, et il
me semble que tu me repousses avec violence :
cependant tes regards sont pleins de tendresse
et de bonté.

FAUST.

Ah ! si tu me reconnais, viens.

MARGUERITE.

Où donc irais-je ?

FAUST.

Tu seras libre.

MARGUERITE.

La tombe est là-dehors. La mort épie mes
pas. Viens ; mais conduis-moi dans la demeure
éternelle : je ne puis aller que là. Tu veux
partir ? Oh ! mon ami, si je pouvais.

FAUST.

Tu le peux, si tu le veux, les portes sont
ouvertes.

MARGUERITE.

Je n'ose pas sortir ; il n'est plus pour moi
d'espérance. Que me sert-il de fuir ? Mes per-
sécuteurs m'attendent. Mendier est si misérable ; et surtout avec une mauvaise conscience !
Il est triste aussi d'errer dans l'étranger ; et
d'ailleurs partout ils me saisiront.

FAUST.

Je resterai près de toi.

MARGUERITE.

Vite, vite, sauve ton pauvre enfant. Pars, sur
le chemin qui borde le ruisseau ; traverse le
sentier qui conduit à la forêt ; à gauche, près
de l'écluse, dans l'étang, saisis-le tout de suite :
il tendra ses mains vers le ciel ; des convulsions
les agitent. Sauve-le ! sauve-le !

FAUST.

Reprends tes sens ; encore un pas, et tu n'as
plus rien à craindre.

MARGUERITE.

Si seulement nous avions déjà passé la montagne... L'air est si froid près de la fontaine.
Là, ma mère est assise sur un rocher, et sa

vieille tête est branlante. Elle ne m'appelle
pas ; elle ne me fait pas signe de venir : seulement ses yeux sont appesantis ; elle ne s'éveil-
lera plus. Autrefois, nous nous réjouissions
quand elle dormait... Ah ! quel souvenir !

FAUST.

Puisque tu n'écoutes pas mes prières, je veux
t'entraîner malgré toi.

MARGUERITE.

Laisse-moi. Non, je ne souffrirai point la violence ; ne me saisis pas ainsi avec ta force
meurtrière. Ah ! je n'ai que trop fait ce que
tu as voulu.

FAUST.

Le jour paraît, chère amie ! chère amie !

MARGUERITE.

Oui, bientôt il fera jour ; mon dernier jour
pénètre dans ce cachot ; il vient pour célébrer
mes noces éternelles : ne dis à personne que tu
as vu Marguerite cette nuit. Malheur à ma
couronne, elle est flétrie : nous nous reverrons,
mais non pas dans les fêtes. La foule va se
presser, le bruit sera confus ; la place, les rues
suffiront à peine à la multitude. La cloche son-

ne, le signal est donné. Ils vont lier mes mains, bander mes yeux : je monterai sur l'échafaud sanglant, et le tranchant du fer tombera sur ma tête... Ah! le monde est déjà silencieux comme le tombeau.

FAUST.

Ciel! pourquoi donc suis-je né?

MÉPHISTOPHÉLÈS, *paraît à la porte.*

Hâtez-vous, ou vous êtes perdus : vos délais, vos incertitudes sont funestes ; mes chevaux frissonnent : le froid du matin se fait sentir.

MARGUERITE.

Qui sort ainsi de la terre ? C'est lui, c'est lui; renvoyez-le. Que ferait-il dans le saint lieu ? C'est moi qu'il veut enlever.

FAUST.

Il faut que tu vives.

MARGUERITE.

Tribunal de Dieu, je m'abandonne à toi !

MÉPHISTOPHÉLÈS, *à Faust.*

Viens, viens, ou je te livre à la mort avec elle.

MARGUERITE.

Père céleste, je suis à toi ; et vous, anges, sauvez-moi ; troupes sacrées, entourez-moi, défendez-moi. Faust, c'est ton sort qui m'afflige...

MÉPHISTOPHÉLÈS.

Elle est jugée.

(Des voix du ciel s'écrient :)

Elle est sauvée.

MÉPHISTOPHÉLÈS, *à Faust.*

Suis-moi.

(Méphistophélès disparaît avec Faust ; on entend encore dans le fond du cachot la voix de Marguerite qui rappelle vainement son ami :)

Faust ! Faust !

FIN DE FAUST.

FAUST

Analysé et jugé par Mme de Staël.

Parmi les pièces des marionnettes, il y en a une intitulée Le Docteur Faust, ou *La Science malheureuse*, qui a fait de tout temps une grande fortune en Allemagne. Lessing s'en est occupé avant Goëthe. Cette histoire merveilleuse est une tradition généralement répandue. Plusieurs auteurs anglais ont écrit sur la vie de ce même docteur Faust : et quelques-uns même lui attribuent l'invention de l'imprimerie. Son savoir très profond ne le préserva pas de l'ennui de la vie ; il essaya pour y échapper de faire un pacte avec le diable, et le diable finit par l'emporter. Voilà le premier mot qui a fourni à Goëthe l'étonnant ouvrage dont je vais essayer de donner l'idée.

Certes, il ne faut y chercher ni le goût, ni la mesure, ni l'art qui choisit et qui termine ; mais si l'imagination pouvait se figurer un chaos intellectuel tel que l'on a souvent décrit le chaos matériel, le Faust de Goëthe devrait avoir été composé à cette époque. On ne saurait aller au-delà en fait de hardiesse de pensée, et le sou-

venir qui reste de cet écrit tient toujours un
peu du vertige. Le diable est le héros de cette
pièce; l'auteur ne l'a point conçu comme un
fantôme hideux, tel qu'on a coutume de le représenter aux enfants ; il en a fait, si l'on peut
s'exprimer ainsi, le méchant par excellence, auprès duquel tous les méchants, et celui de
Gresset en particulier, ne sont que des novices,
à peine dignes d'être les serviteurs de Méphistophélès. (C'est le nom du démon qui se fait
l'ami de Faust.) Goëthe a voulu montrer dans
ce personnage, réel et fantastique tout à la
fois, la plus amère plaisanterie que le dédain
puisse inspirer, et néanmoins une audace de
gaîté qui amuse. Il y a dans les discours de Méphistophélès une ironie infernale qui porte sur
la création toute entière, et juge l'univers comme un mauvais livre dont le diable se fait le
censeur.

Méphistophélès déjoue l'esprit lui-même,
comme le plus grand des ridicules, quand il
fait prendre un intérêt sérieux à quoi que ce
soit au monde, et surtout quand il nous donne
de la confiance en nos propres forces. C'est une
chose singulière que la méchanceté suprême et
la sagesse divine s'accordent en ceci; qu'elles
reconnaissent également l'une et l'autre le vide
et la faiblesse de tout ce qui existe sur la terre :

mais l'une ne proclame cette vérité que pour
dégoûter du bien, et l'autre que pour élever
au-dessus du mal.

S'il n'y avait dans la pièce de Faust que de la
plaisanterie piquante et philosophique, on pourrait trouver dans plusieurs écrits de Voltaire un
genre d'esprit analogue ; mais on sent dans
cette pièce une imagination d'une toute autre
nature. Ce n'est pas seulement le monde moral
tel qu'il est qu'on y voit anéanti, mais c'est
l'enfer qui est mis à sa place. Il y a une puissance de sorcellerie, une poésie du mauvais
principe, un énivrement du mal, un égarement
de la pensée qui font frissonner, rire et pleurer
tout à la fois. Il semble que, pour un moment,
le gouvernement de la terre soit entre les mains
du démon. Vous tremblez parce qu'il est impitoyable, vous riez parce qu'il humilie tous les
amours-propres satisfaits, vous pleurez parce
que la nature humaine, ainsi vue des profon-
deurs de l'enfer, inspire une pitié douloureuse.

Milton a fait Satan plus grand que l'homme ;
Michel-Ange et Le Dante lui ont donné les traits
hideux de l'animal combinés avec la figure humaine. Méphistophélès de Goëthe est un diable
civilisé. Il manie avec art cette moquerie légère
en apparence qui peut si bien s'accorder avec
une grande profondeur de perversité ; il traite

de niaiserie ou d'affectation tout ce qui est sensible ; sa figure est méchante, basse et fausse; il a de la gaucherie sans timidité, du dédain sans fierté, quelque chose de doucereux auprès des femmes, parce que, dans cette seule circonstance, il a besoin de tromper pour séduire: et ce qu'il entend par séduire, c'est servir les passions d'un autre ; car il ne peut faire semblant d'aimer. C'est la seule dissimulation qui lui soit impossible.

Le caractère de Méphistophélès suppose une inépuisable connaissance de la société, de la nature et du merveilleux. C'est le cauchemar de l'esprit que cette pièce de Faust, mais un cauchemar qui double sa force. On y trouve la révélation diabolique de l'incrédulité, de celle qui s'applique à tout ce qu'il peut y avoir de bon dans ce monde ; et peut-être cette révélation serait-elle dangereuse, si les circonstances amenées par les perfides intentions de Méphistophélès n'inspiraient pas de l'horreur pour son arrogant langage, et ne faisaient pas connaître la scélératesse qu'il renferme.

Faust rassemble dans son caractère toutes les faiblesses de l'humanité : désir du savoir et fatigue du travail ; besoin du succès, satiété du plaisir. C'est un parfait modèle de l'être changeant et mobile dont les sentiments sont plus

éphémères encore que la courte vie dont il se
plaint. Faust a plus d'ambition que de force ; et
cette agitation intérieure le révolte contre la
nature, et le fait recourir à tous les sortiléges
pour échapper aux conditions dures, mais né-
cessaires imposées à l'homme mortel. On le
voit, dans la première scène, au milieu de ses
livres et d'un nombre infini d'instruments de
physique et de fioles de chimie. Son père s'occupait aussi des sciences, et lui en a transmis
le goût et l'habitude. Une seule lampe éclaire
cette retraite sombre, et Faust étudie sans relà-
che la nature, et surtout la magie, dont il possède déjà quelques secrets.

Il veut faire apparaître un des génies créateurs du second ordre ; le génie vient, et lui
conseille de ne point s'élever au-dessus de la
sphère de l'esprit humain.

Quand le génie disparaît, un désespoir profond s'empare de Faust et il veut s'empoisonner.

Au moment où Faust va prendre le poison, il
entend les cloches qui annoncent dans la ville
le jour de Pâques, et les chœurs qui, dans l'é-
glise voisine, célèbrent cette sainte fête.

Faust est un caractère inconstant, les passions du monde le reprennent. Il cherche à les
satisfaire, il souhaite de s'y livrer : et le diable,
sous le nom de Méphistophélès, vient et lui

10

promet de le mettre en possession de toutes les
jouissances de la terre, mais en même temps
il sait le dégoûter de toutes; 'car la vraie méchanceté dessèche tellement l'âme, qu'elle finit
par inspirer une indifférence profonde pour les
plaisirs aussi bien que pour les vertus.

Méphistophélès conduit Faust chez une sorcière, qui tient à ses ordres des animaux moitié
singes et moitié chats (*Meer-katzen*.) On peut
considérer cette scène, à quelques égards, comme la parodie des sorcières de Macbeth. Les
sorcières de Macbeth chantent des paroles
mystérieuses, dont les sons extraordinaires font
déjà l'effet d'un sortilége; les sorcières de Goëthe prononcent aussi des mots bizarres, dont
les consonnances sont artistement multipliées;
ces mots excitent l'imagination à la gaîté, par
la singularité même de leur structure, et le dia-
logue de cette scène, qui ne serait que burles-
que en prose, prend un caractère plus relevé
par le charme de la poésie.

On croit découvrir en écoutant le langage
comique de ces chats-singes, quelles seraient
les idées des animaux s'ils pouvaient les exprimer, quelle image grossière et ridicule ils se
feraient de la nature et de l'homme.

Il n'y a guère d'exemples dans les pièces
françaises de ces plaisanteries fondées sur le

merveilleux, les prodiges, les sorcières, les mé-
tamorphoses, etc. : c'est jouer avec la nature,
comme dans la comédie de mœurs on joue
avec les hommes. Mais il faut, pour se plaire
à ce comique, n'y point appliquer le raisonne-
ment, et regarder les plaisirs de l'imagination
comme un jeu libre et sans but. Néanmoins ce
jeu n'en est pas pour cela plus facile, car les
barrières sont souvent des appuis ; et quand on
se livre en littérature à des inventions sans bor-
nes, il n'y a que l'excès et l'emportement même
du talent, qui puisse leur donner quelque mérite ; l'union du bizarre et du médiocre ne serait pas tolérable.

Méphistophélès conduit Faust dans les socié-
tés des jeunes gens de toutes les classes, et
subjugue, de différentes manières, les divers
esprits qu'il rencontre. Il ne les subjugue jamais par l'admiration, mais par l'étonnement. Il
captive toujours par quelque chose d'inattendu
et de dédaigneux dans ses paroles et dans ses
actions ; car la plupart des hommes vulgaires
font d'autant plus de cas d'un esprit supérieur
qu'il ne se soucie pas d'eux. Un instinct secret
leur dit que celui qui les méprise voit juste.

Un écolier de Leipsick, sortant de la maison
maternelle, et niais comme on peut l'être à cet
âge dans les bons pays de l'Allemagne, vient

consulter Faust sur ses études ; Faust prie Méphistophélès de se charger de lui répondre. Il
revêt la robe de docteur, et pendant qu'il attend
l'écolier, il exprime seul son dédain pour Faust.
« Cet homme, dit-il, ne sera jamais qu'à demi
pervers, et c'est en vain qu'il se flatte de parvenir à l'être entièrement. » En effet une mala-
dresse causée par des regrets invincibles entrave
les honnêtes gens quand ils se détournent de
leur route naturelle, et les hommes radicale-
ment mauvais se moquent de ces candidats du
vice qui ont bonne intention de faire le mal,
mais qui sont sans talent pour l'accomplir.

Enfin l'écolier se présente, et rien n'est plus
naïf que l'empressement gauche et confiant de
ce jeune Allemand, qui arrive pour la première
fois dans une grande ville, disposé à tout, et ne
connaissant rien, ayant peur et envie de chaque
chose qu'il voit; désirant de s'instruire, sou-
haitant fort de s'amuser, et s'approchant avec
un sourire gracieux de Méphistophélès, qui le
reçoit d'un air froid et moqueur; le contraste
entre la bonhommie toute en dehors de
l'un et l'insolence contenue de l'autre est admirablement spirituel.

Il n'y a pas une connaissance que l'écolier ne
voulût acquérir, et ce qu'il lui convient d'apprendre, dit-il, c'est la science et la nature.

Méphistophélès le félicite de la précision de son
plan d'études. Il s'amuse à décrire les quatre
facultés : la jurisprudence, la médecine, la
philosophie, et la théologie, de manière à em-
brouiller la tête de l'écolier pour toujours. Méphistophélès lui fait mille arguments divers que
l'écolier approuve tous les uns après les autres,
mais dont la conclusion l'étonne, parce qu'il
s'attend au sérieux et que le Diable plaisante
toujours. L'écolier de bonne volonté se prépare
à l'admiration, et le résultat de tout ce qu'il
entend n'est qu'un dédain universel. Méphistophélès convient lui-même que le doute vient
de l'enfer, et que les Démons ce sont *ceux qui
nient ;* mais il exprime le doute avec un ton dé-
cidé, qui, mêlant l'arrogance du caractère à l'in-
certitude de la raison, ne laisse de consistance
qu'aux mauvais penchants. Aucune croyance,
aucune opinion, ne reste fixe dans la tête après
avoir entendu Méphistophélès, et l'on s'exa-
mine soi-même pour savoir s'il y a quelque
chose de vrai dans ce monde, ou si l'on ne pense
que pour se moquer de tous ceux qui croient
penser.

« Ne doit-il pas toujours y avoir une idée
dans un mot ? » dit l'écolier. — « Oui, si cela se
peut, » répond Méphistophélès, « mais il ne
faut pourtant pas trop se tourmenter là-dessus :

10.

car là où les idées manquent, les mots viennent
à propos pour y suppléer. »

L'écolier quelquefois ne comprend pas Méphistophélès, mais n'en a que plus de respect
pour son génie. Avant de le quitter, il le prie
d'écrire quelques lignes sur son *Album*, c'est le
livre dans lequel, selon les bienveillants usages
de l'Allemagne, chacun se fait donner une marque de souvenir par ses amis. Méphistophélès
écrit ce que Satan a dit à Eve pour l'engager à
manger le fruit de l'arbre de vie : *Vous serez
comme Dieu, connaissant le bien et le mal.* « Je
peux bien, » se dit-il à lui-même, « emprunter
cette ancienne sentence à mon cousin le serpent, il y a longtemps qu'on s'en sert dans ma
famille. » L'écolier reprend son livre et s'en va
parfaitement satisfait.

Faust s'ennuie, et Méphistophélès lui conseille
de devenir amoureux. Il le devient en effet
d'une jeune fille du peuple, tout à fait innocente
et naïve, qui vit dans la pauvreté avec sa vieille
mère. Méphistophélès, pour introduire Faust
auprès d'elle, imagine de faire connaissance
avec une de ses voisines Marthe, chez laquelle
la jeune Marguerite va quelquefois. Cette femme
a son mari dans les pays étrangers, et se désole
de n'en point recevoir de nouvelles ; elle serait
bien triste de sa mort, mais au moins voudrait

elle en avoir la certitude; et Méphistophélès
adoucit singulièrement sa douleur, en lui pro-
mettant un extrait mortuaire de son époux, bien
en règle, qu'elle pourra, suivant la coutume,
faire publier dans la gazette.

La pauvre Marguerite est livrée à la puissance
du mal, l'esprit infernal s'acharne sur elle et la
rend coupable sans lui ôter cette droiture de
cœur qui ne peut trouver de repos que dans la
vertu. Un méchant habile se garde bien de per-
vertir en entier les honnêtes gens qu'il veut gou-
verner : car son ascendant sur eux se compose
des fautes et des remords qui les troublent tour
à tour. Faust, aidé par Méphistophélès, séduit
cette jeune fille, singulièrement simple d'esprit
et d'âme. Elle est pieuse, bien qu'elle soit coupable, et seule avec Faust elle lui demande s'il
a de la religion.

La réponse, d'une éloquence inspirée, ne con-
viendrait pas à la disposition de Faust, si dans
ce moment il n'était pas meilleur, parce qu'il
aime, et si l'intention de l'auteur n'avait pas été,
sans doute, de montrer combien une croyance
ferme et positive est nécessaire, puisque ceux
mêmes que la nature a faits sensibles et bons
n'en sont pas moins capables des plus funestes
égarements quand ce secours leur manque.

Faust se lasse de l'amour de Marguerite comme de toutes les jouissances de la vie; rien n'est plus beau, en allemand, que les vers dans lesquels il exprime tout à la fois l'enthousiasme de la science et la satiété du bonheur.

L'histoire de Marguerite serre douloureusement le cœur. Son état vulgaire, son esprit borné, tout ce qui la soumet au malheur, sans qu'elle puisse y résister, inspire encore plus de pitié pour elle. Goëthe, dans ses romans et dans ses pièces, n'a presque jamais donné des qualités supérieures aux femmes, mais il peint à merveille le caractère de faiblesse qui leur rend la protection si nécessaire. Marguerite veut recevoir chez elle Faust à l'insçu de sa mère, et donne à cette pauvre femme, d'après le conseil de Méphistophélès, une potion assoupissante qu'elle ne peut supporter et qui la fait mourir. La honte de la coupable Marguerite est publique, tout le quartier qu'elle habite la montre au doigt. Le déshonneur semble avoir plus de prise sur les personnes d'un rang élevé, et peut-être cependant est-il encore plus redoutable dans la classe du peuple. Tout est si tranché, si positif, si irréparable parmi les hommes qui n'ont pour rien des paroles nuancées. Goëthe saisit admirablement ces mœurs, tout à la fois si près et si loin de nous, il possède au suprême degré l'art d'être parfaitement naturel dans mille natures différentes.

Valentin, soldat, frère de Marguerite, arrive
de la guerre pour la revoir ; et quand il apprend
sa honte, la souffrance qu'il éprouve, et dont il
rougit, se trahit par un langage âpre et touchant
tout à la fois. L'homme dur en apparence, et
sensible au fond de l'âme, cause une émotion
inattendue et poignante. Goëthe a peint avec
une admirable vérité le courage qu'un soldat
peut employer contre la douleur morale, contre
cet ennemi nouveau qu'il sent en lui-même, et
que ses armes ne sauraient combattre. Enfin, le
besoin de la vengeance le saisit, et porte vers
l'action tous les sentiments qui le dévoraient
intérieurement. Il rencontre Méphistophélès et
Faust au moment où ils vont donner un concert
sous les fenêtres de sa sœur. Valentin provoque
Faust, se bat avec lui, et reçoit une blessure mortelle. Ses adversaires disparaissent pour éviter
la fureur du peuple.

Marguerite arrive, demande qui est là tout
sanglant sur la terre. Le peuple lui répond :
Le fils de ta mère. Et son frère en mourant lui
adresse des reproches plus terribles et plus dé-
chirants que jamais la langue policée n'en pourrait exprimer. La dignité de la tragédie ne saurait permettre d'enfoncer si avant les traits de
la nature dans le cœur.

Méphistophélès oblige Faust à quitter la ville,

et le désespoir que lui fait éprouver le sort de Marguerite intéresse à lui de nouveau.

Marguerite va seule à l'église, l'unique refuge qui lui reste : une foule immense remplit le temple, et le service des morts est célébré dans ce lieu solennel. Marguerite est couverte d'un voile : elle prie avec ardeur ; et lorsqu'elle commence à se flatter de la miséricorde divine, le mauvais esprit lui parle d'une voix basse.

Quelle scène ! Cette infortunée qui, dans l'asile de la consolation, trouve le désespoir : cette foule rassemblée priant Dieu avec confiance, tandis qu'une malheureuse femme, dans le temple même du Seigneur, rencontre l'esprit de l'enfer. Les paroles sévères de l'hymne sainte sont interprétées par l'inflexible méchanceté du mauvais génie. Quel désordre dans le cœur ! que de maux entassés sur une faible et pauvre tête ! et quel talent que celui qui sait ainsi représenter à l'imagination ces momens où la vie s'allume en nous comme un feu sombre, et jette sur nos jours passagers la terrible lueur de l'éternité des peines !

Méphistophélès imagine de transporter Faust dans le sabbat des sorcières pour le distraire de ses peines ; et il y a là une scène dont il est impossible de donner l'idée, quoiqu'il s'y trouve un grand nombre de pensées à retenir : ce sont

vraiment les Saturnales de l'esprit que cette
fête du sabbat.

Faust apprend que Marguerite a tué l'enfant
qu'elle a mis au jour, espérant ainsi se dérober
à la honte. Son crime a été découvert ; on l'a
mise en prison, et le lendemain elle doit périr
sur l'échafaud. Faust maudit Méphistophélès avec
fureur ; Méphistophélès accuse Faust avec sang-
froid, et lui prouve que c'est lui qui a désiré le
mal, et qu'il ne l'a aidé que parce qu'il l'avait
appelé. Une sentence de mort est portée contre
Faust parce qu'il a tué le frère de Marguerite.
Néanmoins il s'introduit en secret dans la ville,
obtient de Méphistophélès les moyens de délivrer Marguerite, et pénètre de nuit dans son cachot, dont il a dérobé les clefs.

Il l'entend de loin murmurer une chanson qui
prouve l'égarement de son esprit ; les paroles
de cette chanson sont très vulgaires, et Marguerite était naturellement pure et délicate. On
peint d'ordinaire les folles comme si la folie
s'arrangeait avec les convenances et donnait
seulement le droit de ne pas finir les phrases
commencées, et de briser à propos le fil des
idées ; mais cela n'est pas ainsi : le véritable
désordre de l'esprit se montre presque toujours
sous des formes étrangères à la cause même de
la folie, et la gaîté des malheureux est bien plus
déchirante que leur douleur.

L'intention de l'auteur est sans doute que Marguerite périsse, et que Dieu lui pardonne ; que la vie de Faust soit sauvée, mais que son ame soit perdue.

Il faut suppléer par l'imagination au charme qu'une très belle poésie doit ajouter aux scènes que j'ai essayé de traduire. Il serait véritablement trop naïf de supposer qu'un tel homme ne sache pas toutes les fautes de goût qu'on peut reprocher à sa pièce ; mais il est curieux de connaître les motifs qui l'ont déterminé à les y laisser ou plutôt à les y mettre. Goëthe ne s'est astreint dans cet ouvrage à aucun genre ; ce n'est ni une tragédie, ni un roman. L'auteur a voulu abjurer dans cette composition toute manière sobre de penser et d'écrire.

Faust, étonne, émeut, attendrit ; mais il ne laisse pas une douce impression dans l'âme. Quoique la présomption et le vice y soient cruellement punis, on ne sent pas dans cette punition une main bienfaisante ; on dirait que le mauvais principe dirige lui-même la vengeance contre le crime qu'il fait commettre ; et le remords, tel qu'il est peint dans cette pièce, semble venir de l'enfer aussi bien que la faute.

FIN.

Avignon. Imp. AMÉDÉE CHAILLOT.

COLLECTION LITTÉRAIRE AMUSANTE

Éditée pour tous

par AMÉDÉE CHAILLOT, Imprimeur-Libraire, place du Change

A AVIGNON

1 Franc le Volume.

www.ingramcontent.com/pod-product-compliance
Lightning Source LLC
Chambersburg PA
CBHW070405090426
42733CB00009B/1541